W. Reiss, A. Stübel

Ausflug nach den vulkanischen Gebirgen von Ägina und Methana

W. Reiss, A. Stübel

Ausflug nach den vulkanischen Gebirgen von Ägina und Methana

ISBN/EAN: 9783956561108

Auflage: 1

Erscheinungsjahr: 2013

Erscheinungsort: Bremen, Deutschland

@ weitsuechtig in Access Verlag GmbH. Alle Rechte beim Verlag und bei den jeweiligen Lizenzgebern.

weitsuechtig

AUSFLUG

nach den vulkanischen Gebirgen

von

AEGINA UND METHANA

im Jahre 1866

von

W. REISS und A. STÜBEL

nebst

mineralogischen Beiträgen von **K. v. Fritsch.**

Mit einer Karte.

HEIDELBERG.
VERLAGSBUCHHANDLUNG VON FR. BASSERMANN.
1867.

INHALT.

	Seite
Vorbemerkungen .	7
Aegina	11
Methana	19
Schlussfolgerungen	38
Anhang . . .	49
Thal von Sousaki	51
Beschreibung der auf Aegina und Methana gesammelten Gesteine von K. v. Fritsch	59
Höhenverzeichniss . . .	78
Bemerkungen zum Höhenverzeichniss . .	80
Bemerkungen zur Karte	82

Griechenland gehört mit seinen zahlreichen Inseln zu denjenigen Gegenden des europäischen Continents, die von den Geologen einer gründlichen Untersuchung bis jetzt am wenigsten gewürdigt wurden. Die politischen Verhältnisse tragen hieran hauptsächlich die Schuld; dennoch ist es gelungen aus den Ergebnissen flüchtiger Wanderungen und dem sorgfältigen Studium einzelner Localitäten ein allgemeines Bild der Bodenverhältnisse zu entwerfen. Es ist constatirt worden, dass neben den älteren Sedimentgesteinen, die das Material für viele der höheren und durch so malerische Formen ausgezeichneten Gebirgszüge lieferten, die metamorphischen Gesteine in grösster Mannigfaltigkeit an der Zusammensetzung der Oberfläche theilnehmen. Neuere Sedimentgesteine säumen vorzugsweise und wie es scheint an sehr vielen Punkten die Küsten. Vulkanische Gebilde dagegen, deren äussere Gestalt schon die Art und Weise ihrer Entstehung characterisirt, sind auf dem griechischen Festlande nicht aufgefunden worden; ihr Vorkommen beschränkt sich auf wenige Punkte und namentlich auf Inseln, welche in grösserer Entfernung vom Continente gelegen und welche schon seit Jahrtausenden als vulkanisch bekannt gewesen sind. Nur über einen einzigen Ausbruch, der auf dem Peloponnes stattgefunden haben soll, besitzen wir Aufzeichnungen in beschreibender und dichterischer Form. Strabo, Ovid und Pausanias berichten nämlich, dass ein hoher Berg unter Feuer-Erscheinung auf der Halbinsel, die jetzt Methana genannt wird, dem alten Methone, aufgeworfen wurde. Ross*) hat die Ansicht aufgestellt, dass den Schilderungen Ovid's

---

*) Brief an A. v. Humboldt: Kosmos IV, S. 517.

ein griechisches Vorbild oder eine alte Sage zu Grunde liege und auch Pausanias berichtet nach einer Ueberlieferung der Eingebornen. Wenn in solchen Gegenden, wo in vorgeschichtlicher Zeit vulkanische Ausbrüche stattfanden, derartige Sagen später auch dadurch noch entstehen können, dass die Eruptivprodukte ein frisches und verbranntes Aussehen dauernd bewahrten, so muss sich doch in diesem Falle eine so naturgetreue Schilderung des Vorganges selbst auf die directe Beobachtung einer Eruption gründen und könnte höchstens — was jedoch hier unwahrscheinlich — von einer anderen Localität auf diese übertragen sein. Indem wir in dem Folgenden nach den an Ort und Stelle gemachten Beobachtungen eine geologisch-topographische Beschreibung der Halbinsel von Methana, insoweit wir dieselbe während unseres kurzen Aufenthaltes erforschen konnten, zu geben wünschen, genügt es, die oft citirten Ueberlieferungen der ältesten Autoren an der betreffenden Stelle in Kürze zu erwähnen. Ausser diesen Eruptionsberichten konnten wir in der uns zugänglichen Literatur nur wenige diese Gebirge betreffende Arbeiten auffinden. Die Titel der wichtigsten, von uns benützten Abhandlungen sind im Folgenden zusammengestellt worden:

Strabo, Geographica; ed. Kramer. lib. I, c. 18.
Ovid, Metamorphoseon; ed. Bach. lib. XV, v. 293—305.
Pausanias, Graeciae descriptio; ed. Siebelis. lib. II, c. 34.
K. v. Hoff, Geschichte der natürlichen Veränderungen der Erdoberfläche. 1824. Vol. II, S. 167. cit. Strabo, Pausanias, Ovid.
L. v. Buch, physikalische Beschreibung der canarischen Inseln. 1825. S. 359. cit. Parolini.
Virlet, Bul. d. l. Soc. géol. Mars 1832.
Expédition scientifique de Morée. Section des sciences physiques. 1834.
    Tom. II. 1re Partie: Géographie par B. de Saint-Vincent. S. 42 und 46.
    2e Partie: Géologie et Minéralogie par de Boblaye et Virlet. S. 239—258 und S. 364—370.
    Atlas: 1re Serie, pl. I, III und V.
    2e Serie, pl. IV und V.
Fiedler, Reise durch Griechenland. 1840. Vol. I. S. 256—278 und Vol. II. S 541—552.
Russegger, Reisen in Europa, Asien und Afrika. 1843 und 1848. Vol. I. S. 79, vol. IV. S. 246—251.

Curtius, Peloponnesos. 1851. Vol. I. S. 40—42 und vol. II. S. 438—443.
A. v. Humboldt, Kosmos. 1845 und 1858. Vol. I. S. 251 und 453. Vol. IV. S. 273, 371, 516.
Fouqué, Revue des deux Mondes, 15. Janvier 1867.

Länger als wir es erwartet, hatte uns der vulkanische Ausbruch, sowie die Untersuchung der älteren und ältesten Gebilde von Santorin, auf jener Insel zurückgehalten. Die politische Lage Europa's, welche mit jeder Post, die nach dem entfernten Punkte gelangte, eine beunruhigendere wurde, liess, als wir das griechische Festland betraten, kaum noch einen Zweifel über den bevorstehenden Ausbruch eines deutschen Krieges und mahnte zur eiligen Rückkehr in die Heimath. Trotz dieser drohenden Verhältnisse konnten wir es uns nicht versagen, von Athen aus einen kleinen Ausflug nach dem Peloponnes zu unternehmen, um die vulkanischen Gebilde von Aegina und Methana, wenn auch nur flüchtig, zu besuchen. Vor Allem war es Methana, welches unser Interesse in Anspruch nahm. Die Spannung auf das, was wir dort finden sollten vergrösserte sich, je deutlicher wir bei der allmähligen Annäherung die Umrisse der hohen und steilen Bergmassen erkennen konnten; denn die unbestimmten, von griechischen Dichtern überlieferten Nachrichten über einen vulkanischen Ausbruch auf jener Halbinsel hatten durch die Beobachtungen des Herrn Fouqué[*] eine Bestätigung erhalten. Dieser französische Forscher, welcher jene Gegend im Jahre 1866 gleichfalls bereiste, beobachtete nämlich, wie er die Güte hatte uns mitzutheilen, nahe dem Ort Kaimeni einen trachytischen Kegelberg mit kraterähnlicher Einsenkung und einem zugehörigen, mächtigen Lavenstrome. — Wesentlich gefördert wurde unser Plan durch die Unterstützung der Herren Köhler, J. Schmidt und Palasca zu Athen, für deren freundliches Entgegenkommen es

---

[*] Siehe auch Comptes rendus. T. LXII. Nr. 16, S. 904 und Nr. 21, S. 1121.

gestattet sei hier nochmals unseren Dank auszusprechen. — Herr Director Schmidt überliess uns nicht nur auf das Bereitwilligste die in seinem Besitz befindlichen Karten, sondern übernahm es auch, durch Vermehrung seiner Barometerbeobachtungen, unseren Höhenmessungen eine sichere Grundlage zu verschaffen. — Herr Palasca, mit Rath und That uns beistehend, erwirkte einen Befehl des Marine-Ministeriums, wonach uns vom Arsenal zu Poros ein Ruderboot für die Dauer unseres Aufenthaltes zur Verfügung gestellt werden sollte. — Leider verhinderten uns die Umstände, von dieser von der griechischen Regierung auf so liberale Weise gebotenen Unterstützung den gewünschten Gebrauch zu machen.

Dienstag den 12. Juni, Nachmittags 2 Uhr, schifften wir uns im Piraeus auf einem kleinen, von uns gemietheten Kaïk zur Ueberfahrt nach Aegina ein. Mit günstigem Winde den Hafen verlassend näherten wir uns rasch den immer deutlicher hervortretenden Bergen der Insel, über welchen der vielgipflige Gebirgsstock Methana's hervorragt. Schon liessen sich die Säulen des Athene-Tempels auf einem niederen Vorhügel erkennen, als eintretende Windstille unsere Fahrt hemmte. — Die Hoffnung, noch diesen Abend den Tempel besuchen zu können wurde zu Nichte, da bald ein ungünstiger Wind sich erhob, der uns zwang, den Kurs nach der Südwestseite der Insel zu nehmen. So langsam näherten wir uns jetzt unserem Ziele, dass die einbrechende Dunkelheit uns noch in beträchtlicher Entfernung von der Insel fand und wir gezwungen waren, uns, so gut es gehen wollte, auf dem kleinen Schiffe für die Nacht einzurichten. Um Mitternacht erweckt uns ein heftiger Stoss. Lautes Rufen, unruhiges Hin- und Herlaufen, vor Allem aber die Bewegungslosigkeit unseres Fahrzeuges veranlassten uns auf das Deck zu steigen, um die Ursache dieser plötzlichen Veränderung zu erforschen. — In der sternhellen Nacht sahen wir dicht vor uns die dunklen Bergmassen Aegina's, auf deren weit in das Meer sich erstreckenden Klippen das von den sorglos schlafenden Griechen sich selbst überlassene Schiff festsass. — Nur nach längerer Arbeit gelang es durch Ausladen des Balastes das Schiff wieder flott zu machen, und ohne weiteren Unfall liefen wir bei Tagesgrauen in den Haupthafen der Insel ein.

Aegina, fast genau in der Mitte des Golfes von Athen gelegen, hat die Gestalt eines nahezu gleichseitigen Dreieckes, dessen eine Seite gegen Norden gerichtet ist. — Längs der Nordküste verläuft eine Reihe langgestreckter, steil abfallender Bergrücken, über deren scharfen Kamm man schon von Weitem den kegelförmigen Gipfel des in der Südspitze gelegenen höchsten Berges der Insel, des Oros, emporragen sieht. — Am Fuss der von O.N.O. nach W.S.W. verlaufenden Nordberge dehnt sich ein niederes Land aus, auf welchem hie und da einzelne Gebäude zerstreut liegen; unter diesen fällt besonders die kleine Kapelle Hagios Nikolaos durch ihre blendend weisse Farbe auf. Die Nordwestspitze der Insel, das Cap Plaka, wird durch einen niederen Rücken gebildet, dessen sanft abgerundete Formen ihn von den schroffen Bergen der Hauptmasse abheben. — Unsere gestrige Fahrt bot uns genügend Gelegenheit, diese Beobachtungen anzustellen; heute sahen wir nun, dass auch auf der Südwestseite der Insel am Fuss der hohen Berge ein hie und da ziemlich breites, niederes Land sich hinzieht.

Die Stadt, nahe dem Nordende dieses flachen Landes gelegen, bietet einen freundlichen Anblick. Eine Reihe offener zum Theil ganz hübsch mit Flaschen und Kühlkrügen aufgeputzter Kaffeebuden und Verkaufsläden ziehen sich an dem breiten mit den Tischen der Fisch- und Früchteverkäufer besetzten Quai hin. — Bei unserer Ankunft herrschte hier bereits reges Leben; eine grosse Anzahl kleiner Kaike, unserem Fahrzeuge ähnlich, lagen in dem von Dämmen umschlossenen Hafen und eine Menge Menschen waren mit Ein- und Ausladen beschäftigt, indess andere im süssen Nichtsthun die Kühle des Morgens genossen. Umgeben von vielen Zuschauern richteten wir uns in einem der Kaffeehäuser ein und während der Eine von uns die Instrumente aufstellte und die nöthigen Beobachtungen machte, der Andere die Umgebungen des Hafens und vor Allem die schroffen Berge Methana's zeichnete, war unser Dragoman beschäftigt für unsere leiblichen Bedürfnisse und für die Beschaffung von Maulthieren und Pferden zu sorgen.

Der Ritt durch die Strassen der Stadt bestätigte und erhöhte den freundlichen Eindruck, den wir bei dem ersten Anblick empfangen hatten. Die meisten Häuser in ihrem netten, reinlichen

Aussehen zeugten für eine gewisse Wohlhabenheit ihrer Besitzer. Fast an allen von Weinreben üppig umrankten Fenstern sieht man die antikgeformten und meist mit fünf Henkeln versehenen Kühlkrüge, die in bester Qualität auf Aegina gefertigt und weithin versendet werden, dem Luftzuge ausgesetzt; neben diesen findet der wohlriechende Basilikó, die Lieblingspflanze der Griechen, häufig seinen Platz.

Die Einwohner Aegina's sind bekannt als. unternehmende Schiffer, welche in ihren kleinen Booten den Küstenhandel betreiben, ja oft sich auf Fahrten wagen, über deren Ausdehnung man bei Betrachtung der unbedeutenden und mangelhaft ausgerüsteten Fahrzeuge staunt.

Hinter der Stadt wendeten wir uns gegen Osten; langsam ansteigend ritten wir über das flache Land meist zwischen niederen Mauern hin. In dem Felde, den Rändern des etwas vertieften Wegs und besser noch in den Blöcken, aus welchen die Mauern bestehen, liess sich das Gestein dieses Vorlandes beobachten. Es ist ein leichter Kalkstein, in, wie es scheint, der Oberfläche parallel liegenden Schichten, dessen ganzes Aussehen auf eine sehr neue Entstehung schliessen lässt. — In diesem Kalke finden sich eine Reihe dunkler Blöcke, welche bei Annäherung an das Gebirge an Grösse und Zahl zunehmen. Es sind dies prachtvolle grobkrystallinische Trachyte, deren häufiges Auftreten in diesen Schichten uns in Erstaunen setzte, da Form und Farbe der benachbarten Gebirgszüge uns auf Kalkgesteine schliessen liessen und wir die Trachytmassen erst weiter im Innern des Landes zu finden erwarteten. Wie sehr wir uns getäuscht, zeigte uns die Untersuchung des ersten Hügels am Eingang in das südlich vom Mt. Stavroin hinziehende Thal. Dieser Hügel erhebt sich als steile Kuppe über den an seinem Abhang angelagerten Kalk; ein Haufwerk grosser Trachytblöcke, einer schönen grobkrystallinischen Varietät angehörend, bedeckt den Abhang, und wie diese Blöcke so ist auch das anstehende Gestein ein bald mehr, bald weniger verwitterter Trachyt. Die Kuppe erreicht nach unserer Messung eine Höhe von 186,$_3$ Mètres, während die neuen Anlagerungen nur bis 152 Mètres ansteigen.

Vom Gipfel der Kuppe gewinnt man einen Blick auf die Berge der Nordküste. — Eine Reihe landeinwärts an Höhe zunehmender Rücken zieht gegen Osten, wie die bestiegene Kuppe, aus mächtigen Trachytmassen bestehend. — Alle diese Berge scheinen einem Trachytzuge anzugehören, dessen Kamm durch die Wirkung der Erosion in einzelne Kuppen getrennt wurde. — Am Nordfuss des steil abfallenden, wohl über 400 Mètres hohen Rückens zieht ein Thal herab, welches von Osten kommend beim Eintritt in das flache Land sich gegen Norden wendet und bei Hagios Nikolaos an der Nordküste mündet. Dieses Thal aufwärts verfolgend hatten wir Gelegenheit die Abhänge des Mt. Stavroin zu besichtigen. Mächtige Felsmassen bilden den oberen Theil des Berges, indess der untere Theil durch steile, dem Abhang parallele Schichten, verdeckt wird. Die Gebirgsmasse ist Trachyt, die steilen Schichten sind Tuff- und Kalkablagerungen, ähnlich jenen des flachen Landes, nur dass hier, wie wir bei der ersten Kuppe zu untersuchen Gelegenheit hatten, der Kalk durch mergelig erscheinende Schichten in wahre Trachyttuffe übergeht.

Durch einen tiefen Einschnitt vom langgestreckten Mt. Stavroin getrennt, erhebt sich ebenfalls südlich des Baches ein steiler, hoher Felskegel an dessen Abhange die Ruinen einer alten Stadt und Festung zerstreut liegen. Der Trachyt ist hier sehr zersetzt und statt der festen Masse setzen mächtige Breccien die Berge zusammen, welche vielfach von klaffenden Spalten durchzogen werden und an deren Fusse ausgedehnte Blockhalden sich hinziehen*).
— An diese Berge, welche durch zerrissene Formen sich vom Mt. Stavroin unterscheiden, lagern sich gegen Osten Mergelschiefer, Kalk- und Conglomeratbänke an, welche den Abhängen parallel verlaufen und an einigen Stellen in übergreifender Lagerung die Trachytgesteine bedecken, während an anderen es scheint, als würden sie ihrerseits wieder von Trachyt überlagert. Die Kalke und Mergel enthalten am Mt. Taspelia, ein wenig östlich der alten Stadt, eine Menge von Versteinerungen, theils Pflan-

---

*) Spasmenno Wouno bei Fiedler; I, Taf. III; Mont fendu der Franzosen.

zen, theils Conchylienreste, deren Untersuchung in Verbindung mit den Lagerungsverhältnissen der sedimentären Schichten vielleicht Licht über das Alter der Trachyte verbreiten könnte. Ein Theil des Kalkes gehört einer Süsswasserbildung an, wie diess schon von den französischen Gelehrten nachgewiesen wurde. — Die geringe Zeit, welche wir zu unserer Verfügung hatten, gestattete uns keinen Aufenthalt, wir mussten uns mit einem allgemeinen Eindruck begnügen; doch glauben wir kaum zu irren, wenn wir annehmen, dass diese die Oberfläche der Trachytberge bis zu einer gewissen Höhe (wohl 200 Mètres) bekleidenden tertiären Ablagerungen die submarine Bildung der bedeckten Eruptivgesteine beweisen. Denn dass diese Kalke und Schiefer nicht die ganzen Berge zusammensetzen, wie man es bei der Untersuchung der Oberfläche und der Wasserrisse leicht glauben könnte, lehren die Klippen der Südostküste, an welcher vom Cap Tourlo bis zum Cap Hagia Marina die Trachyte aufgeschlossen erscheinen. Bei der, bei einer späteren Gelegenheit unternommenen Fahrt längs dieser Küste konnten wir uns überzeugen, dass die Kalke als dünne Ueberzüge den Unebenheiten der Trachyte folgen, dass sie auf der Höhe und auf den Abhängen der Rücken am wenigsten entwickelt, in den Tiefen der Mulden und Einsenkungen aber am mächtigsten sind.

Vom Mt. Taspelia bis zur äussersten Nordostspitze der Insel sind die nur niederen Hügelreihen mit dem neuen Kalke bedeckt. Ihre Formen sind abgerundet, die Abhänge sanft gegen das flache Land der Küste verlaufend. Der Athene-Tempel liegt auf einem der östlichen Hügel, dessen Kalkbänke vielfach grosse Blöcke eines dunklen älteren Kalksteines einschliessen. Die Hauptmasse des Hügels scheint nach Russegger's Beobachtungen aus dem dunklen alten Kalke zu bestehen und so mit dem Mt. Paliango zu einer Formation zu gehören. — Der Tempel selbst ist aus Blöcken des neuen, leicht zu bearbeitenden Kalkes gebaut.

Soweit es die Terrainverhältnisse ohne besondere Mühe verstatten, sind die unteren Abhänge der Berge urbar gemacht, während in grösserer Höhe und auf den Rücken der mit neuem

Kalk bedeckten Hügel verkrüppelte Nadelholzbäume stehen, deren Wachsthum und Gedeihen, durch das hier wie auf dem griechischen Continente allgemein übliche Entharzen verkümmert wird. Bäume jeden Alters, wo sie auch stehen, werden in wahrhaft barbarischer Weise angebohrt und ausgehöhlt um das Harz zu gewinnen, durch dessen Zusatz der griechische Wein einen kampferartigen Geschmack erhält, der ihn für den Gaumen des Ausländers geradezu ungeniessbar macht, und für den Handel gänzlich entwerthet. Die meist von Oliven-, Feigen-, Maulbeer- und anderen Fruchtbäumen beschatteten Felder, schienen in ziemlich gutem Zustande gehalten zu werden. Vor Allem fiel uns im Vergleich mit anderen Gegenden Griechenlands der verhältnissmässig grosse Wasserreichthum auf; denn wenn auch das Hauptthal nur in seinem oberen Theile auf eine kurze Strecke von einem kleinen Bache durchrieselt wurde, so war doch zur Seite des Weges eine Anzahl schwerfälliger Maschinen im Gange, um aus grossen Reservoirs und Ziehbrunnen, die auch den Bewohnern der zerstreut liegenden Häuser ein klares und frisches Trinkwasser liefern, die Felder zu bewässern.

Nach einer kurzen Mittagsrast an dem Tempel, wandten wir uns gegen Süden nach dem Oros, von dessen Gipfel aus wir einen Ueberblick über die ganze Insel zu erlangen hofften. Der Weg führt ein Stück zurück, dann herab in die Fortsetzung jener Einsenkung, welche den Mt. Stavroin und Taspelia von dem Hauptgebirge trennt. — Beim Herweg hatten wir östlich der alten Stadt dieses Thal verlassen, dessen Wasser dort gegen Westen abfloss. Jetzt kreuzten wir den gegen Osten abfliessenden Bach, dessen Lauf durch einen an der Küste hoch aufsteigenden und gegen das Innere des Landes steil abfallenden Berg, durch den Mt. Paliango, gegen Süden abgelenkt wird. Die ziemlich kahlen Wände, die an denselben erkennbare Schichtung liessen ein von den bisher besuchten Bergen abweichendes Gestein vermuthen. Der Berg besteht auch, wie wir uns bald darauf überzeugten, aus dunklen Kalkbänken, unter welchen auf der Südseite ein thonschieferartiges Gestein ansteht und er gehört somit zu jenen hohen Gebirgszügen, deren Gipfel in den vielen

Inseln des griechischen Archipels die Meeresfläche überragen. — Das Bachbett an der Südwestseite des Mt. Paliango ist da, wo wir es überschritten, nur ca. 30 Mètres über dem Meer erhaben und auf beiden Seiten von hohen steilen Bergen begrenzt. In einer steilen Seitenschlucht stiegen wir hinan gegen das Mittelgebirge der Insel, dessen Trachytmassen in den Thalgehängen aufgeschlossen sind. Während zu unterst ein heller Trachyttuff ansteht, wird der ganze obere Theil und somit die Hauptmasse des Gebirges aus dunklen Trachytströmen gebildet; sie sind dunkler und weniger grobkrystallinisch als jene Gesteine der Nordberge.

An dem Ostabhang des centralen Theiles der Insel, welcher sich im Ganzen als ein Domgebirge betrachten lässt, führt der Weg oberhalb des Anfangs der Thäler in einer Höhe von über 200 Mètres gegen Süden hin. Unterhalb dieses Wegs senkt sich der Abhang nach dem Meer, während höher die seitlichen Rücken sich zu einem gemeinsamen, mit niederem Gestrüppe bewachsenen Gehänge vereinen. Zwischen diesen Steinblöcken mühsam unsern Weg suchend, gelangten wir gegen Süden auf einen ca. 250 Mètres hohen Sattel, durch welchen der centrale Dom mit den Südbergen der Insel in Verbindung steht. Südlich dieses Sattels erhebt sich der Oros steil und kegelförmig bis zu einer Höhe von 540 Mètres.

Es war schon spät am Nachmittag als wir auf dieses verhältnissmässig flache Land kamen, so dass wir mit Mühe einen unserer Führer zu überreden vermochten, die Besteigung des Gipfels mit uns zu unternehmen. Die ganze Einsenkung ist, wie der Abhang des Oros, bedeckt mit grossen scharfkantigen Trachytblöcken und doch beweisen ausgedehnte Mauerüberreste und Wasserbehälter, sowie die noch vielfach erkennbaren, bis nahe zu den höchsten Gipfeln aufsteigenden Terassenbauten, dass dieser Landstrich einst bewohnt und für die Cultur gewonnen war. Wie hier so zeigen an vielen Stellen der Insel die Ruinen alter Bauwerke eine dichte und thätige Bevölkerung an, während jetzt der grösste Theil der nur spärlich bewohnten Insel brach liegt; denn die vielen, auf der englischen Karte angegebenen

Ortschaften bestehen, mit wenigen Ausnahmen, nur aus einigen elenden Hütten.

Ohne Weg über die Felsblöcke emporsteigend erkletterten wir von der Nordseite den Gipfel des Oros, auf dessen höchstem Punkte eine kleine dem heiligen Elias geweihte Kirche steht. — Die prachtvollste Aussicht belohnte unsere Mühe, denn nicht nur ganz Aegina konnten wir übersehen, sondern weit reichte der Blick über die kleinen Inseln im Norden bis gegen die Landenge von Korinth. Salamis, die Berge der Umgegend von Athen (Parnés, Pentelikon und Hymettus), ja ganz Attika bis zum Cap Sunium lag vor uns ausgebreitet. — In Südwest erheben sich die Berge Methana's, über welche die hohen Kalkfelsen von Morea aufragen.

Vom Oros aus lassen sich die einzelnen Gebirgsglieder, aus welchen die Insel zusammengesetzt ist und ihre Beziehungen zu einander, leicht erkennen, da man mit Ausnahme des Mt. Stavroin und Taspelia das ganze Land übersieht. Ein von Osten nach Westen in die Länge gezogenes domförmiges Gebirge, bildet die Hauptmasse der Insel, an welche gegen Norden, nur durch eine schmale aber tiefe Einsenkung getrennt, der Mt. Stavroin, Taspelia und die Tempelhügel, überhaupt die Trachytketten der Nordküste sich anschliessen. Gegen Süden zu steht der centrale Theil durch den bereits erwähnten ca. 250 Mètres hohen Sattel, mit einer nur wenig höheren aber ziemlich breiten Gebirgsmasse in Verbindung, auf deren Rücken der Oroskegel steht. Während nun aber an dem Fuss der Nordberge und an deren Abhänge die neuen Sedimentgebilde sich anlegen und das auch auf der Südwestseite sich ausdehnende flache Land ihnen seine Entstehung verdankt, sind auf der Ostseite die Abhänge höher und steiler; es fehlt das flache Vorland, die Küste aber ist manigfacher gegliedert.

Auf der Höhe des centralen Domes erkennt man 4 oder 5 gesonderte Gipfel und zwischen denselben ein vertieftes Land, welches von unserem Standpunkte aus, durch seine hellgrüne Vegetation von den dunklen Bergen sich abhebend, ganz eben und kreisrund erschien. Nach der englischen Karte muss auf jener Fläche, deren Umgebung wohl eine genauere Untersuchung verdienen möchte, das Kloster Panagia liegen.

Steiler als das centrale Domgebirge senken sich vom Oros die kahlen Gehänge gegen Süden; hier sind tiefe Thäler eingegraben und hohe Klippen scheinen die Küste zu begrenzen. — Die ganze Insel besteht somit aus der Vereinigung dreier Trachytgebirge und nur der Kalkrücken des Mt. Paliango, sowie die an der Südwestecke liegende Insel Moni erinnern daran, dass diese Trachytmassen auf den Rücken alter Kalkgebirge abgelagert wurden [*]).

Die immer länger werdenden Schatten und die Ungeduld der Führer mahnten zur Rückkehr nach dem Schiffe, welches an der Südwestspitze der Insel, zur Ueberfahrt nach Methana bereit, unserer harrte. Wir stiegen an der Westseite des Oros herab, mussten, da wir den richtigen Weg verfehlten, auf schlechten Pfaden ein tiefes Thal kreuzen in dessen Wänden wir, wie schon an der Nordostseite des Hauptdomes, unter dem dunklen Trachyt ein sehr helles Gestein und unter diesem eine weisse Trachytbreccie anstehend fanden. — Erst nach Sonnenuntergang langten wir zu Perdika an, woselbst wir nach kurzer Rast uns wieder einschifften, in der Hoffnung, noch während der Nacht den Kaimeni-Hafen auf Methana zu erreichen.

Aber erst gegen Morgen erhob sich ein schwacher Wind, nicht stark genug um unserem kleinen Fahrzeug eine stetige Bewegung mitzutheilen und auch die schwerfälligen, von den lässig arbeitenden Schiffern mehr zum Schein in das Wasser getauchten Ruder konnten uns nicht merklich vorwärts bringen. Dicht an der Küste entlang fahrend hatten wir somit Gelegenheit etwa von Kounoupitsa an bis zur äussersten Westspitze der Insel den Bau des Landes im Allgemeinen zu erkennen..

Steile, meist kegelförmige Berge erheben sich hier dicht am Ufer bis zu einer Höhe von 6 und 700 Mètres. Ihre Abhänge, welche oft eine Neigung von über 30° besitzen, sind kahl und

---

[*] Nach einem in der Exp. sc. de Morée gegebenen Durchschnitt soll zwischen dem centralen Dom und dem Oros der Gipfel eines unter Trachyt begrabenen Kalkberges sichtbar sein.

lassen überall mächtige Trachytmassen zu Tage treten. Landeinwärts stehen diese Gipfel mit hohen ausgezackten Gebirgszügen in Verbindung, welche wie Strebepfeiler radial von dem centralen Hochgebirge ausstrahlen. In den schluchtenartigen Thälern zwischen diesen Rücken liegen nahe der Küste, auf flacherem Terrain, die aus wenigen Häusern bestehenden Orte Kounoupitsa, Kato Mouska und, weiter im Innern der Halbinsel, Apano Mouska.

Etwas westlich von Kato Mouska bildet an der Nordküste ein äusserst steiler und kegelförmiger Trachytberg einen Vorsprung in das Meer. Erst als wir dieses Cap umfahren hatten, lag mit einem Male als weit in das Meer eingreifendes Vorgebirge die durch ihre dunkelrothbraune Farbe und eigenthümlich rauhe Oberfläche mit der übrigen Gebirgsform scharf contrastirende Lavamasse, zu unserer nicht geringen Ueberraschung vor uns, denn ein vulkanisches Produkt, dessen ganzer Habitus in so vollkommener Weise die eruptive Natur bekunden würde, hatten wir zu finden nicht erwartet. Dieser Theil von Methana ist es nun, welcher nach dem schlakigen und verbrannten Aussehen des Gesteins »Kaimeni« genannt wird, ein Name, der auch auf den kleinen landeinwärts am Fusse dieser mächtigen Masse gelegenen Ort übertragen worden ist.

In terrassenförmigen Absätzen senkt sich der breite und sehr hohe Lavastrom nach der Küste herab und lehnt sich auf der Nordseite an den vorerwähnten kegelförmigen Trachytberg so dicht an, dass zwischen diesem und dem Schlackenwalle des neuen Stromes nur eine enge, mit herabgerollten Schlacken und Lavablöcken angefüllte Schlucht verbleibt, in welcher ein Pfad nach dem Innern des Landes führt. An der Küste erweitert sich diese Schlucht zu einer kleinen Bucht, deren Strand eine Landung leicht gestattet, und möchten wir wohl künftigen Besuchern rathen, von dieser Stelle aus ihre Untersuchungen zu beginnen.

Wie sich der nördliche Schlackenwall des Lavastroms an den alten Trachytberg anlehnt, ebenso grenzt nun auch sein südlicher an das aus grauem Kalkstein bestehende Panagia-Gebirge. Eine so eigenthümliche, in der äusseren Erscheinung mit den Lavaströmen thätiger Vulkane ganz übereinstimmende Eruptivmasse zwischen zwei gänzlich verschiedene Formationen eingezwängt zu sehen, gehört jedenfalls zu den geologischen Vorkommnissen, die man nur äusserst selten zu beobachten Gelegenheit haben dürfte.

Hat man, von Norden kommend, den in das Meer vorspringenden Theil des Lavastromes umfahren, so sieht man dicht über dem Meeresniveau, unter den mächtigen Kalkmassen des Panagia-Gebirges, landeinwärts steil einfallende grüne und rothe Schiefer anstehen.

In einer kleinen Bucht der Südküste, nahe beim Cap Panagia landeten wir an einem schmalen, von hohen Kalkfelsen umgebenen Geröllstrand, da wir nach der englischen Karte hoffen durften, von hier aus den Ort Kaimeni am leichtesten zu erreichen. — Der erste Rücken der Kalkberge, von welchem wir uns eine umfassende Aussicht versprochen, war bald erstiegen, doch spähten wir von unserem 211 Mètres hohen Standpunkte aus vergeblich nach einer menschlichen Wohnung. Nach langem Umherirren in einem Labyrinth von mächtigen Felsblöcken verfolgten wir einen sich anfänglich oft verlierenden Pfad, welcher uns hoch am Abhange der Nordwestküste hinführend doch schliesslich in bewohnte Theile der Halbinsel bringen musste.

Gestrüppe, hie und da auch niederer Laub- und lichter Nadelholzwald, bedecken die Abhänge, deren dichtes Kalkgestein auf der Nordwestküste, je mehr wir uns der grossen Eruptivmasse näherten, von dunklen und schlackigen Lavabrocken überlagert wurde. An manchen Stellen häuften sich dieselben so sehr, dass man versucht werden konnte, sie für anstehendes Gestein zu halten.

Da wo der Pfad nach Osten plötzlich umbiegt, sahen wir, aus dem Walde heraustretend, den gesuchten Lavastrom mit seinem hohen Kegel zuerst wieder vor uns liegen. Um aber zu dem aus einigen elenden Hütten bestehenden Orte Kaimeni zu gelangen, hatten wir noch eine ziemliche Strecke gegen Osten über die klirrenden Schlacken der neuen Lava zu marschiren. Das kleine Dorf, dessen Dasein aus der Ferne keine Felder oder

Gärten verriethen, liegt auch so verborgen, dass wir schon glaubten, uns in der Richtung geirrt zu haben, als wir nur noch wenige Schritte von dem ersten Hause entfernt waren. Das Dorf **Kaimeni** liegt am Südostfusse des neuen Lavaberges, 210,7 Mètres über dem Meere, theils auf alten Trachyten, theils auf und zwischen frischen Schlackenmassen. In dem engen Raume zwischen den höheren Trachytbergen der Halbinsel und dem neuen Ausbruchskegel konnten die wenigen Bewohner nur durch mühsame Terrassirung der alten Berggehänge so viel Land für die Cultur gewinnen, als nothwendig ist, um den für das Leben unentbehrlichsten Bedarf an Feld- und Baumfrüchten zu erzeugen, und nur hier und da wird am felsigen Gehänge die Weinrebe gebaut. Obgleich diese Ländereien einen äusserst armseligen Eindruck machen, gehören sie doch zu den fruchtbarsten Theilen des cultivirten Landes, welche wir auf unserer Wanderung durch Methana zu sehen Gelegenheit hatten.

Will man den neuen Lavaberg ersteigen, so umgeht man, vom Dorfe Kaimeni aus, seinen nördlichen Fuss bis zu der Stelle, wo er sich bis zu ansehnlicher Höhe an die ältere Trachytformation anlehnt. Nicht ohne Anstrengung, welche durch die heisse Sonne des südlichen Sommers noch vergrössert wurde, gelangten wir kletternd und von Fels zu Fels springend zu einem Gipfelpunkte, von welchem aus sich nicht nur die neue Lavamasse, sondern auch die wichtigsten Verhältnisse des umgebenden Landes übersehen liessen.

Das Kalksteingebirge, welches mit seinen Abhängen den westlichen Theil von Methana bildet und in das Cap Panagia ausläuft, wird nämlich von einem, bereits bei Schilderung der Küstenfahrt erwähnten, fast halbkreisförmigen Trachytrücken, auf dem sich mehrere Gipfel bis zu 6 und 700 Mètres Meereshöhe erheben, umgeben. Der zwischen dem Panagia-Gebirge und dem umgebenden halbkreisförmigen Rücken liegende thalartige Raum mündet an der Süd- und Westküste und wird dadurch, dass sich der Boden desselben, nahezu von der Mitte aus, nach beiden Seiten bis zum Meere herabsenkt, in zwei Theile geschieden. Es trennt also dieses »Thal« nach beiden Seiten hin die zwei so verschiedenartigen Formationen, die des Kalkes und des alten Trachytes.

Aber nur der Südtheil des Thales ist noch in seiner ursprünglichen Gestalt erhalten. In ihm führt vom Orte Kaimeni, neben einem schmalen und im Sommer wasserleeren Bachbette, ein Pfad nach einer Bucht an der Küste, welche den Bewohnern des Ortes als Aus- und Einschiffungsplatz dient. Das Bachbett liegt ziemlich genau auf der Grenze zwischen dem alten Trachyt und dem Kalkstein, welche Felsarten auch an der Bucht am Meere nebeneinander anstehend zu beobachten sind.

Der Westtheil des Thales dagegen hat bedeutende Veränderungen erlitten. Die Stelle nämlich, an der sich die Wasserscheide ehedem befunden haben muss, ist zum Schauplatz für den verhältnissmässig neuen Ausbruch geworden. Die Eruption fand an einem etwa 200 Mètres über dem Meere gelegenen Orte statt, und die eruptiven Massen stauten sich nicht nur zu einem circa 417 Mètres hohen Berge an, sondern dehnten sich auch stromartig gegen Westen nach der Küste zu aus. Durch diese Neubildung ist der, bei der Abzweigung der beiden Thäler etwas erweiterte Raum, sowie die ganze gegen Westen verlaufende Einsenkung derart ausgefüllt worden, dass nur noch enge intercolline Räume übrig geblieben sind, deren Begrenzungswände theils durch die Abhänge der neuen Lava, theils durch die der alten Trachyte oder der Kalksteinberge gebildet werden. Jedenfalls nur in Folge grosser Zähflüssigkeit und des Widerstandes, welche die erstarrende Oberfläche verursachte, staute sich die glühende Lava zu einem durch seine Höhe auffallenden Damme an, der jedoch nur an seiner Basis den freien Raum zwischen Kalk und Trachyt gänzlich erfüllt. Es ist derselbe Strom, welcher, wie wir bei dem Umfahren der Nordwestküste gesehen, sich noch ein beträchtliches Stück in das Meer hinaus erstreckt.

Der steile, kegelförmige Berg beim Orte Kaimeni, welcher wohl den Ausbruchspunkt kennzeichnen mag, stellt nun aber keineswegs einen eigentlichen, aus Aschen- und Schlackenschichten aufgebauten Eruptionskegel dar. Die mit 37° geneigten Abhänge bestehen aus einer Uebereinanderhäufung grosser Lavablöcke von dunkelrothbrauner Farbe und meist schlackiger Beschaffenheit. Kleinere Auswurfs- und Verwitterungsproducte füllen die zwischen den grossen Blöcken freigebliebenen Räume; ja an manchen Stellen ebnen sie die Unregelmässigkeiten des Abhangs in so weit, dass einige Aehnlichkeit mit den gewöhnlichen Schlackenkegeln herbeigeführt wird.

Von dem 416,9 Mètres über dem Meere und 206 Mètres über dem Orte Kaimeni gelegenen Gipfelpunkte sahen wir gegen Osten hinab in einen zu unseren Füssen liegenden, 60—80 Mètres tiefen Kessel, welcher als Krater bezeichnet werden darf, obgleich er keine regelmässige runde Form besitzt, vielmehr in fast halbkreisförmiger Gestalt den Felsen, den wir zu unserem Standpunkte gewählt hatten, umschliesst. Die Beschaffenheit der Felswände, welche den Kessel umgeben, weicht auffallend von dem Aussehen der gesammten übrigen Oberfläche des Kegelberges und seiner westlichen Verlängerung ab. Der Unterschied besteht jedoch ausschliesslich darin, dass in jenem Kraterkessel die innere Beschaffenheit der colossalen Eruptivmasse für das Auge aufgeschlossen ist, während alles Uebrige nur als die aus übereinander gehäuften Schollen bestehende Erstarrungsoberfläche angesehen werden kann. Der Boden dieses Kessels ist mit mächtigen, lose übereinanderliegenden Felsblöcken bedeckt. Zwischen denselben, sowie in den Spalten und auf den Vorsprüngen der hohen, durch plattenförmige Absonderung stellenweis ausgezeichneten Trachytwände, wachsen in dunkelgrüner Blätterfülle viele prächtige Bäume, und üppiges Buschwerk sowie manche seltenere Pflanze gedeiht hier an den für die verwüstende Hand des Menschen, wie für die versengenden Strahlen der Sonne unzugänglichen Stellen und gewährt im Gegensatz zu den sterilen rothbraunen Steinmassen dem Auge eine unerwartete und angenehme Abwechselung.

Auch gegen Westen ist die Felsmasse, welche wir zu unserem Standpunkte gewählt hatten, von einer ähnlichen aber weit weniger tiefen, und im allgemeinen Charakter abweichenden Einsenkung, durch die wir beim Heraufsteigen gekommen waren, umgeben. Dadurch erhalten diese Felsen, welche ihrer petrographischen Beschaffenheit nach als ein Theil des Hauptkegelbergs betrachtet werden müssen, eine isolirte Stellung. — Die grösste Unregelmässigkeit zeigt diese westliche Einsenkung auf der Nordwestseite, an welcher man deutlich wahrnimmt, wie sich die gesammte den Berg bildende Eruptivmasse stromartig auszudehnen beginnt. Die centralen Felsen bilden nach dieser Seite nur Abstürze von 40 Mètres Höhe und die Blockhalden, durch welche dieselben gegen Norden und Süden mit der äusseren Umwallung in Verbindung stehen, vermitteln auch hier einen Uebergang zu den Schlackenschollen des stromartigen Theils des Lavaergusses. Wenn man nun erwarten sollte, dass sich die Oberfläche jenes stromartigen Theiles der Eruptivmasse vom Kegelberge aus nach der Richtung hin, in welcher sich diese offenbar fortbewegte, gleichmässig senken sollte — wie es bei Lavaströmen meist der Fall ist —, so verdient hier der Umstand Beachtung, dass sich eine schlackige Felsmasse, westlich der zuletzt beschriebenen Einsenkung, auf dem Strome selbst fast zur Höhe unseres Standortes erhebt. Dieses Verhalten, dass die Oberfläche des Stromes nicht direct von der kraterartigen Einsenkung aus nach dem Meere zu abfällt, dürfte sich aus den Bewegungserscheinungen zähflüssiger Massen erklären. Es thürmen sich nämlich, besonders wenn glühend flüssiges Material durch Widerstände im Fortschreiten behindert wird, grosse und kleine Theile der sich immer erneuernden Erstarrungskruste hoch empor. Zu den Erhebungen dieser Art gehört neben vielen kleineren, also auch der wohl zweithöchste Punkt der gesammten Eruptivmasse. Möglicherweise ist eine so beträchtliche Anstauung auch dadurch bewirkt worden, dass die über dem Ausbruchspunkte angehäufte, vielleicht theilweise schon erhärtete Lava das Hervortreten der später nachdringenden Massen verhinderte und dieselben zwang, die Seite des Kegels zu durchbrechen.

Wenig niederer als die höchsten Ränder der äusseren Kraterumwallung, ziehen gegen Nordwest nach dem Meere herab schlackige Lavawülste, so zwar, dass von einem tieferen Punkte aus gesehen, es scheint als habe der ganze Strom diese Mächtigkeit. Vom Gipfel des Kegels aus sieht man jedoch, dass die

Hauptmasse des Stromes in einem etwas tieferen Niveau zwischen diesen hohen schmalen Wülsten terrassenförmig nach dem Meere sich senkt, wo sie das weite Vorland gebildet hat. Die hohen seitlichen Begrenzungen des Stromes bestehen aus mächtigen über- und durcheinander gehäuften Schlackenschollen und scheint auch hier, wie bei den Ausbrüchen der Aphroëssa auf Santorin, die Block- und Schlackenkruste eines bereits theilweise erstarrten Stromes durch nachdrängende Lava zersprengt und auf die Seite geschoben zu sein.

Alles, was vom Strom zugänglich ist, besteht aus grossen, braunen Schlackenmassen, welche lose an der Oberfläche übereinander gehäuft liegen; die innere Beschaffenheit des Stromes ist nirgends sichtbar, da Wasserrisse oder sonstige Aufschlüsse gänzlich fehlen. Diese Schlacken sind trotz ihrer dunkleren, braunen Färbung, nur als poröse Abänderung eines Trachytes zu betrachten, welcher auf dem Gipfel anstehend gefunden wurde. Grosse Feldspath und Hornblendekrystalle zeigten sich überall in der dunklen Grundmasse ausgeschieden.

Die Felsmasse, welche unsern Standpunkt bildete, besteht aus einem hellen, schalig abgesonderten Trachyt. Da ist Nichts von Schlackenbildung zu sehen, ja nicht einmal Blasenräume enthält das mit grossen Krystallen erfüllte Gestein, dessen Absonderungsflächen eine Neigung nach Nordwest, also nach dem Ursprung des Lavastroms, erkennen lassen. Und wie diese Felsen, so besteht auch die sie umgebende Circuswand, also das Innere des ganzen Kegels, aus hellem, grobkrystallinischem Trachyt ohne irgend welche Schlackenbildung. Der ganze Berg ist also, wie die Eruptionskegel auf Santorin, die wir vor unseren Augen entstehen und sich vergrössern sahen, sowie auch die älteren in historischen Zeiten daselbst gebildeten Hügel, eine compacte Trachytmasse, deren äussere Abhänge durch spätere Auswurfsproducte überkleidet wurden. Es entspricht somit der auf dem Gipfel des Berges eingesenkte Kessel einem Krater, weicht aber von dem gewöhnlich diesem Worte beigelegten Begriffe in so fern ab, als die Begrenzungswände nicht durch die Uebereinanderlagerung verschiedenartiger Eruptionsproducte, die immer eine mehr oder weniger regelmässige Anordnung erhalten, gebildet wurden, wie auch dadurch, dass die kesselförmige Vertiefung keine, für das Hervorquellen feurigflüssiger Massen noch jetzt nachweisbare, vermittelnde Rolle gespielt hätte. Die ganze neue Ausbruchsmasse hat, um es nochmals zu wiederholen, die grösste Aehnlichkeit mit den in historischen Zeiten zu Santorin gebildeten Inseln. Eine zähflüssige Trachytlava quoll langsam aus einer Oeffnung der Erdoberfläche hervor, staute sich über dem Ausbruchspunkt zu einem stumpfen, aber steilen Kegel auf, von welchem aus, dem Abhange des Gebirges folgend, die nachdrängende, glühendflüssige Masse sich stromartig ausdehnte. Ein solcher Trachytstrom stellt nach seiner Erstarrung einen schmalen Gebirgszug dar, der leistenartig dem alten Lande aufgesetzt ist. Die Seitenabhänge haben meist über 30° Neigung und die Mächtigkeit überschreitet das bis jetzt für Lavaströme angenommene Maximum. So besteht z. B. der Kaimeni-Kegel Methana's aus einer Trachytmasse von über 200 Mètres Höhe; denn die relative Höhe der Lavamasse ergab sich an ihrer Südostseite gemessen zu 206 Mètres, während sie über dem auf der Südseite gelegenen Thalboden 253 Mètres erreicht, so dass bei Berücksichtigung aller Verhältnisse die mittlere Mächtigkeit des Stromes wohl zu 100—150 Mètres angenommen werden darf.

Bei diesen Masseneruptionen zähflüssiger Gesteine spielen die Dampf- und Gasexplosionen, sowie die durch dieselben erzeugten Producte, eine nur untergeordnete Rolle. Die Masse der schlackig ausgebildeten Blockkruste des stromartigen Theiles der Laven und die der Auswürflinge an den äusseren Abhängen des kegelförmigen Berges ist verschwindend klein, wenn man sie mit der Masse der dichten, ergossenen Lava vergleicht. Konnten wir auch nirgend auf der neuen Ausbruchsmasse und nur an einer Stelle am Nordfuss des Kegels in den alten Gesteinen die Einwirkung von Fumarolengasen beobachten, so ist es doch augenscheinlich, dass auch hier die kesselartige Vertiefung das eigentliche Eruptionscentrum, nämlich den Ort bildete, an welchem die Feuererscheinungen, Dampfexplosionen und die Entwicklung gasförmiger Producte bis zum Erstarren des durch die Eruption angehäuften Materials fortdauerten. Diese der vulkanischen Thätigkeit eigenthümlichen Kraftäusserungen waren es, welche die kraterförmige Vertiefung in dem angestauten Material erzeugten, so lange dasselbe noch zähflüssig war, welche aber auch nach der Erhärtung, durch Explosionen, zertrümmernd und erweiternd einwirkten. Wer die Gelegenheit hatte die Wirkungsweise der vulkanischen Kräfte an dem neusten Ausbruche bei Santorin zu studiren, wird für die Gebilde, welche wir hier zu beobachten Gelegenheit hatten, an einer gleichen Entstehung nicht zweifeln. Ruft man sich aber den ganzen Vorgang vor Augen, so wird man sich auch von der Wildheit der Scenerie eine deutliche Vorstellung machen können.

Für den supramarinen Ursprung dieser Trachyte könnten die bei dem neuen Santorin-Ausbruch gemachten Erfahrungen insofern zu sprechen scheinen, als dort die unter Wasser erstarrten Theile der Lava mit einer schlackenfreien Blockkruste bedeckt waren, während die supramarin geflossenen Massen eine schlackige Oberfläche besassen ähnlich der des hier zu betrachtenden Stromes. Da nun aber diese Kaimeni-Lava der einzige Strom in diesem Theile Griechenlands ist, dessen frisches Aussehen auf eine neuere Entstehung schliessen lässt, so ist es gewiss gerechtfertigt, die Berichte über einen vulkanischen Ausbruch bei Methana und Troezen, welche uns aus dem Alterthum erhalten sind, mit der Entstehung dieser Trachytmassen in Verbindung zu bringen. Die hierauf bezüglichen Stellen bei den bereits oben citirten Autoren sind nun folgende:

Pausanias: Graeciae descriptio; lib. II., c. 34, edidit Siebelis: »Ein Theil des Troezenischen Gebietes bildet den Isthmus, der sich weit in das Meer hineinstreckt. Auf diesem liegt eine nicht eben grosse Burg, Methana. Ungefähr 30 Stadien davon gibt es Bäder mit warmem Wasser. Dieses Wasser, sagt man, habe sich zuerst unter der Regierung des macedonischen Königs Antigonus, Sohnes des Demetrius gezeigt, nicht sofort sei aber das Wasser erschienen, sondern vorher seien Feuersgluthen aus der Erde hervorgebrochen und erst nach dem Erlöschen des Feuers sei das Wasser geflossen, das bis auf unsere Zeit noch quillt, warm und sehr salzig.«

Strabo: Geographica, ed. Kramer, lib. I., c. 18. Strabo spricht im Allgemeinen davon, wie hier Stücke Landes vom Meer verschlungen und auseinander gerissen, dort getrennte mit einander verbunden werden. »Bura verschwand durch einen sich eröffnenden Abgrund, Helica durch Gluth, während zu Methone im Hermionischen Meerbusen ein Berg, 7 Stadien hoch, aufgeworfen wurde unter feuriger Gluth, der bei Tag wegen der Hitze und des schwefligen Geruches unzugänglich war, des Nachts aber wohlriechend, fernhin leuchtend und wärmend, so dass das Meer 5 Stadien weit kochte und auf 20 Stadien hin warm war und ausgefüllt wurde mit Felsstücken, nicht kleiner als Burgen.«

Ovid: Methamorphoseon, lib. XV., v. 293—305, ed. Bach. »Wenn du nach den achäischen Städten Helice und Buris fragst, wirst du sie unter dem Wasser finden und noch pflegen die Schiffer die mit ihren Mauern untergesunkenen Städte zu zeigen (375 v. Chr. wie Bach der Herausgeber sagt). Bei dem Troezenischen Pitthea ist ein Hügel oder Erdhöhe ohne Bäume da, wo ehemals nur Ebene war, denn (furchtbar ist es zu sagen) die wilde Gewalt der Winde, in dunkle Höhlen eingeschlossen, und begierig irgendwo auszubrechen, doch vergebens kämpfend den freien Himmel zu geniessen, da ihr Gefängniss keine Ritze hatte und undurchdringlich für ihr Wehen wahr, jene Gewalt machte den ausgedehnten Boden aufschwellen wie der Athem eine Blase auszudehnen pflegt oder die Schläuche des zweigehörnten Bockes. Jene Erdaufschwellung blieb und hat das Aussehen eines hohen Hügels und ist in der langen Zeit hart geworden.«

Den Mangel an Uebereinstimmung in diesen Angaben, indem nämlich nach Strabo der Berg durch Auswurfmassen, nach Ovid aber durch Auftreibung des Bodens entstanden sein soll, hat Herr Fouqué in sinnreicher Weise dadurch zu heben versucht, dass er annimmt, hier wie auf Santorin seien die Dampf- und Gasexplosionen erst dann in grosser Häufigkeit aufgetreten, nachdem bereits durch ruhiges Ueberquellen des glühendflüssigen

Gesteins ein beträchtlicher Hügel gebildet war. Nach dieser Auffassung rührten also diese abweichenden Schilderungen nur daher, dass zu deren Abfassung Berichte über zwei verschiedene Phasen der Eruption benützt wurden. Und, wie wir oben gesehen haben, entspricht diese Annahme dem innern Bau des Kegels, dessen mächtige Trachytmasse von losen Auswurfsprodukten überschüttet ist.

Nach langem Aufenthalt auf dem Gipfel dieses interessanten Kaimeni-Berges, dessen Höhe, Lage und innere Zusammensetzung wir zu erforschen bemüht waren, kehrten wir bei Sonnenuntergang zu dem Orte Kaimeni zurück, zogen es aber, da hier weder Nahrungsmittel noch ein einladendes Nachtquartier zu erlangen war, vor, trotz grosser Ermüdung den Weg bis zum Meere zurückzulegen und die Nacht im Freien in jener kleinen Bucht der Südküste, an der Grenze zwischen Kalk und Trachyt, zuzubringen, woselbst wir unter dem Schutze eines schönen Johannisbrodbaumes unser Lager am Meeresstrande aufschlugen.

Bei Tagesanbruch kamen Bewohner der umliegenden Häuser und Ortschaften herab zu unserem Lagerplatz, um aus einem in den Geröllstrand gegrabenen Brunnen Wasser, welches jedoch schlecht und brakisch war, zu holen. Denn so wasserarm ist dieses vielfach zerklüftete und mit ungeheuren Blockmassen überdeckte Gebirge, dass nur durch Anlegung künstlicher Cisternen das für Menschen und Thiere nöthige Trinkwasser erlangt werden kann. Die jetzigen Bewohner Methana's scheuen aber die Mühe solcher Arbeiten und begnügen sich mit den noch vielfach gut erhaltenen und über das ganze Gebirge zerstreut liegenden antiken Cisternen, deren Anlagen in dem festen Gestein Bewunderung erregen muss. Die Zahl dieser griechischen Wasserbehälter ist gross, und nur ein kleiner Theil befindet sich noch im Gebrauch; viele sind verschüttet und zerstört, doch würde gewiss manche derselben ohne grosse Kosten sich leicht wieder herstellen lassen. Diese Cisternen, wie auch die theilweise erkennbare Terrassirung mehrerer jetzt brachliegender Bergabhänge, deuten auch hier, wie in Aegina, auf eine ganz bedeutende und thätige Bevölkerung, während gegenwärtig nur eine geringe Zahl von

Albanesen, in 10—12 elende Dörfer vertheilt, kümmerlich ihr Dasein fristen.

Die Kalkberge am Westende. der Insel, welche wir nach ihrer äusersten Westspitze als Panagia-Berge bezeichnen wollen, bilden hohe und steile Klippen an der Südküste, und in ähnlichen Formen steigen weiter ostwärts auch die Trachytberge aus dem Meere auf. Zwischen diesen beiden Gebirgszügen dehnt sich der flache Geröllstrand aus, auf welchem wir unser Lager aufgeschlagen hatten. Das Thal oder der intercolline Raum, als dessen Mündung die Bucht zu betrachten ist, liegt aber nicht so genau auf der Grenze der Sediment- und Eruptivgesteine, dass nicht an einzelnen Stellen ein Uebergreifen der Gesteinsarten auf das andere Thalgehänge stattfände. So steht auf der Westseite der Bucht, am Fusse der Kalkwände eine kleine Trachytpartie an, und nahe dem Orte Kaimeni sind auf der linken Bachseite dunkle, thonschieferartige Gesteine und Hornsteine aufgeschlossen. — Der Geröllstrand am Meere ist nicht sehr breit und wird im Norden von einem steilen, mit Schutt und Geröllen überdeckten Abhange begrenzt, nach dessen Ersteigung man erst in das mehrfach erwähnte, langsam gegen Kaimeni aufsteigende Thal gelangt, so dass es scheint, als sei früher das Meer weit in die Bucht eingedrungen, bis zum Fusse des erwähnten Abhangs, welcher somit als eine alte Meeresklippe zu betrachten wäre.

Da es unsere Absicht war, heute die älteren Berge Methana's, vor Allem den höchsten Gipfel der Halbinsel, den Mt. Chelona, sowie einige Spitzen in der Umgebung des neuen Ausbruchs zu untersuchen, so kehrten wir in aller Frühe nach dem Ort Kaimeni zurück, von wo aus der bequemste Aufgang nach den höheren Theilen sich gewinnen liess. — Die Schlucht zwischen den Panagia-Bergen und der Hauptmasse der Insel ist durch mächtige Geröll- und Schuttablagerungen erfüllt, in welche der von Kaimeni herabkommende Bach sich einen engen, wohl gegen 20 Mètres tiefen Kanal eingegraben hat, denn die bewegende Kraft des hier mit geringem Fall abfliessenden Wassers ist nicht genügend, um die von den steilen seitlichen Gehängen in grosser Menge herabgeschwemmten Gesteinsstücke dem Meere zuzuführen.

Ein kaum sichtbarer Fusspfad führt im Osten von Kaimeni an dem über 20° geneigten Abhange im Zickzack über Schutt und grosse Blöcke nach einem kleinen, bebauten Hochlande, welches rings umgeben wird von kegelförmigen, durch niedere Rücken verbundenen Bergen. Dieses kleine Plateau liegt (465,8 Mètres über dem Meere) ca. 50 Mètres höher als der Gipfel des Kaimeni-Kegels; die umgebenden Berge aber erheben sich von hier aus noch um 2—300 Mètres. Den südwestlichen dieser Gipfel (629,5 Mètres) besuchten wir zuerst, da von demselben ein Ueberblick des Panagia-Gebirgs sich erwarten liess. Der ganze Abhang ist mit ungeheuren Blöcken eines grobkrystallinischen Trachyts bedeckt, über welche man wie auf einer unregelmässigen Treppe in die Höhe steigt. Vom höchsten Punkte sieht man herab in die diesen Morgen durchwanderte Schlucht und weit hinweg über die viel niederen Kalkberge, deren Gestaltung und Verbindung mit den Trachytbergen von hier leicht erkannt wird. Der Kamm dieser Panagia-Berge verläuft nahezu von Osten nach Westen, und während ein steiler Abhang gegen Norden direct zum Meere führt, verlaufen gegen Süden eine Reihe enger, unter sich paralleler Thäler. Der höchste Punkt der Kalkberge, der wohl über 500 Mètres Höhe erreichen mag, liegt nahe dem Ostende, so dass der Ostabfall ein steiles und hohes Gehänge darstellt. — Gegen Südwest zu übersieht man die Küste bis zum Steno-Isthmus. Die Abhänge des 629,5 Mètres hohen Berges bilden hohe Klippen am Meere, und ähnlich endigt auch der nächste in Südwesten gelegene, nur durch ein Thälchen von dem untern Abhang desselben getrennte Rücken. Gegen die Stadt Methana zu aber ist das Land am Meere flacher; niedrige Vorhügel bilden ein fruchtbares Land, über welchem steil der Mt. Chelona aufsteigt. Die oberen Theile dieses höchsten Berges der Insel sind nur wenig geneigt, und auch gegen Süden zu dacht sich das Land allmählig ab, so dass von Methana bis Vromolimni eine Einsenkung zwischen der Hauptgebirgsmasse und einem, weiter südlich sich erhebenden, niederen Rücken entsteht. Dieser Rücken wird allem Anschein nach aus Kalkgesteinen, ähnlich denen des Panagia-Gebirges gebildet. Eine Einschnürung in den Küstenumrissen deutet schon in der allgemeinen Form des Landes den verschiedenen geognostischen Bau an.

Um nun aber die Verhältnisse, der den neuen Ausbruch umgebenden Berge vollständig kennen zu lernen, beschlossen wir auch einen der nördlichen Gipfel zu besteigen, zu welchem Zwecke wir den südlich von Apano Mouska aufsteigenden Kegel wählten. In einem schluchtenartigen Raum zwischen zwei hohen Trachytbergen führt ein steiler Pfad über grosse, scharfkantige Blöcke nach dem Gipfel. Einzelne Bäume und Büsche finden zwischen den Felsblöcken in der spärlich eingewaschenen Erde ihre Nahrung. Wie die südlichen Berge, so ist auch diese Trachytmasse (723,3 Mètres) steil und der Gipfel, ein schmaler Kamm, auf welchem sich nur mit Mühe ein passender Raum zur Aufstellung der Instrumente finden liess. Der neue Lavastrom lag fast zu unsern Füssen; die Aussicht nach der Nordküste aber wurde durch zwei hohe Trachytzacken beschränkt, welche dem hier gegen das Meer verlaufenden Rücken aufgesetzt und nur wenig niedriger sind als der von uns gewählte Standpunkt. — Gegen Südosten ist der Gipfel nur durch die enge Schlucht, in welcher wir heraufgestiegen waren, von dem von Norden nach Süden lang gestreckten, als Horsa bezeichneten Trachytrücken getrennt. Der höchste Punkt zwischen beiden Bergen liegt nach unserer Messung 604,6 Mètres über dem Meere. Nach beiden Seiten senkt sich alsdann der Grund der Schlucht rasch abwärts, im Süden auf das zuerst besuchte Plateau ausmündend, während gegen Norden ein fester Trachytwall einen Abschluss bildet, an dessen Nordabhange dann die nach Mouska herabführenden Wasserrisse ihren Anfang nehmen. — Solche geschlossene Einsenkungen finden sich zwischen den höheren Gipfeln des Methana-Gebirges gar nicht selten; bald bilden sie flach geneigte, mit den bei Regenwetter von den umgebenden Gehängen herabgeführten Schutt und Detritus erfüllte Hochebenen, deren fruchtbarer Boden zur Anlage von Weinbergen und Feldern benützt wird; bald sind es enge mit grossen Blockhalden erfüllte Schluchten. Immer aber geben sie durch ihre ganze Form und Bildung zu erkennen, dass sie nicht ausschliesslich durch die Wirkung der Gewässer ausgegraben wurden. Es sind intercolline Räume, deren Entstehung durch die Art und Weise der Ablagerung eruptiver Gesteine bedingt wurde. Allerdings hat die Erosion hie und da die Form derselben verändert, aber selten, und dieses nur an den unteren Gehängen der Berge, eine Vertiefung derselben erzeugt. Im Allgemeinen wirken hier die Gewässer in der Art nivellirend, dass sie die höchsten Gipfel benagend, Material zur Ausfüllung der beim Aufbau des Gebirges übrig gebliebenen Vertiefungen herbeischaffen. Die Zerklüftung des Gebirges und die Trockenheit des Klimas verhindern, dass sich hier eine Anzahl kleiner Gebirgsseen bildet, wie wir solche auf andern Gebirgen in ähnlichen intercollinen Räumen hie und da finden.

An dem Ostgehänge dieser Schlucht aufsteigend gelangten wir zu einem Sattel, welcher die beiden langgestreckten Gipfel des Horsa verbindet. Alle diese Rücken mit steilen Gehängen bestehen aus mächtigen Trachytmassen und sind mit Blockhalden bekleidet. — Der nördliche Gipfel des Horsa soll die Ueberreste einer venetianischen Festung tragen. Wir haben ihn nicht besucht, da wir unseren Weg nach dem Chelona ohne Zeitverlust verfolgen mussten, wenn wir denselben vor Sonnenuntergang erreichen und ein Gesammtbild der Halbinsel von seinem Gipfel gewinnen wollten. Ueberraschend ist die Aussicht von dem Sattel am Horsa, den wir passiren mussten, um einen neuen Theil der Insel zu übersehen. Der langgestreckte Rücken fällt steil gegen Osten ab und bildet so die Westumwallung einer weiten, kraterförmigen Einsenkung, welche gegen Osten nur durch eine niedere, halbkreisförmige Trachytmauer geschlossen wird. Den Sattel zwischen den Horsa-Gipfeln fanden wir 633,4 Mètres hoch; der Grund der kesselförmigen Einsenkung liegt aber wohl noch 150 Mètres tiefer, während die Horsa-Gipfel gewiss über 700 Mètres Höhe erreichen. Der Trachyt ist hier schlackig, wie diess auch an der Ostumwallung des Kessels der Fall ist. Die Ostumwallung, welche wohl im Allgemeinen die Höhe des erwähnten Passes kaum erreicht, besteht scheinbar aus grossen Trachytblöcken, wie solche auch den Grund des Kraters bedecken, der durch eine Querrippe oder niederen Hügel in zwei Theile getheilt wird. — Die tiefste Einsenkung der Ostumwallung fanden wir an deren Südseite zu 589,6 Mètres. Dort fehlt der Umwallung fast jede äussere Abdachung; ganz allmählig geht sie in ein sanft geneigtes, fruchtbares Hochplateau über. Weiter nordwärts aber nimmt der äussere Abhang der Ostumwallung an Höhe zu, indem ihr Fuss sich in einer Einsenkung der höheren Berge herabzieht. So sehr auch beim ersten Anblick diese Einsenkung Aehnlichkeit mit einem Krater zu haben scheint, so zeigen sich doch bei näherer Betrachtung manichfache Abweichungen, die wohl eine andere Erklärungsweise gestatten dürften. Die Westumwallung nämlich wird vom Nordtheil des Horsa-Rückens gebildet, dessen steile Abhänge den anstehenden Trachyt an vielen Stellen hervortreten lassen. Ueberhaupt macht dieses Gebirge den Eindruck grösseren Alters während die niedere, Ostumwallung aus frischer erscheinender Lavamasse gebildet wird. Aus einiger Entfernung, namentlich vom Chelona aus, konnten wir auch beobachten, dass mit dieser Ostumwallung ein mächtiger Lavastrom in Verbindung steht, der einer Einsenkung zwischen den älteren Gebirgen folgend nach Norden hinabzieht. Fassen wir diess Alles zusammen, so möchte die Ansicht, welche wir an Ort und Stelle unter dem frischen Eindruck sämmtlicher Verhältnisse uns bildeten, wohl nicht so ganz ungerechtfertigt erscheinen. Nach unserer Anschauung wäre nämlich die Ost- und Westumwallung der Einsenkung von sehr verschiedenem Alter. Zuerst mussten durch Ausbrüche das Horsa-Gebirge und die umgebenden Rücken gebildet werden, wonach alsdann in einer Einsenkung, in einem intercollinen Raum, zwischen diesen eruptiven Massen ein Ausbruch zähflüssiger Lava nahe bei dem Horsa-Passe erfolgte, welche Lava in weitem Bogen am Abhang des Horsa sich hinziehend, erst an dessen Nordende mit dem hohen Abhange sich wieder verbinden konnte. Es wäre somit dieser scheinbare Krater ein intercolliner Raum, begrenzt durch die steilen Seitenböschungen ungleichzeitiger Trachytergüsse. Können wir auch durchaus nicht behaupten, dass diese Erklärungsweise die wirklich richtige ist, da wir eine eingehende Untersuchung nicht vornehmen konnten, so wollten wir doch nicht unterlassen, dieselbe mitzutheilen in der Hoffnung, die Aufmerksamkeit späterer Reisenden auf diesen Gegenstand zu lenken. Analoge, kesselförmige Einsenkungen zwischen Lavaströmen sind übrigens keineswegs selten, nur sind sie bei den meisten, näher untersuchten Vulkanen wenig auffallend, da deren Lavaströme in der Regel nur eine geringe Mächtigkeit besitzen; ja man kann wohl behaupten, dass dieselben in keinem grossen Lavenfelde fehlen. Schon ähnlicher diesem Horsakrater sind die von 30—50 Mètres hohen Trachytströmen umschlossenen Räume an dem Nordabhange des Pico de Teyde auf Tenerife, so dass, wenn man die Mächtigkeit des in historischen Zeiten auf Methana gebildeten Kaimeni-Stromes in Betracht zieht, ein intercolliner Raum von 150 Mètres Tiefe zwischen zwei Lavaströmen durchaus nicht auffallen kann.

Die kleine Ebene am Südende der kraterförmigen Einsenkung ist mit Reben bepflanzt, zwischen welchen hie und da einzelne Bäume stehen; auch einige elende Hütten finden sich auf diesem Plateau zerstreut, auf welches gegen Osten zu ähnliche Hochflächen folgen, nur durch niedere mit Gestrüppe bedeckte Rücken von einander getrennt. Ohne grosse Mühe gelangt man so zum Fuss des Chelona der von Norden nach Süden in die Länge gezogen, gegen Westen ziemlich steil abfällt. — Die Weinberge auf jener Hochfläche liegen meist terrassenförmig übereinander; die Rücken zwischen den einzelnen Plateaus sind mit grossen Blöcken und vielen Schuttmassen bedeckt, zwischen welchen, namentlich gegen den Chelona zu, verschiedene Trachytvarietäten anstehend hervortreten. Quellen oder Bäche fehlen hier, wie in allen von uns besuchten Theilen Methana's, dafür aber bieten die selbst in dieser Höhe angelegten Cisternen ein treffliches Trinkwasser. Um aber zu dem Wasser in diesen künstlichen Behältern zu gelangen, bedarf man eines an einer langen Leine befestigten Trinkgefässes, ohne welches die Einwohner sich auch nie weit von ihren Häusern entfernen. Das über 15° C. warme Wasser erschien uns in der glühenden Sonnenhitze, in welcher wir den ganzen Tag, ohne den geringsten Schatten bald steil bergauf, bald steil bergab über die erhitzten Lavenblöcke steigen, oder zwischen den hohen, die Wärme zurückstrahlenden Bergen durchmarschiren mussten, als wahres Labsal. Der 15. Juli war aber der heisseste Tag, welchen wir in diesem Frühjahr erlebt hatten. Und sind auch die beobachteten Temperaturen keineswegs hoch, so bewirkten sie doch, verbunden mit der körperlichen Anstrengung, eine bedeutende Abspannung. Vielleicht ist es für die Leser nicht uninteressant einige der an diesem Tage beobachteten Temperaturen hier zusammengestellt zu finden, dieselben sind, alle im Schatten gemessen:

	h.	m.		
Vormittag	7	—	am Meeresstrande	21°,5 C.
„	8	45	kleines Plateau 465,8 Mètres über dem Meere .	24,6
„	9	30	Gipfel des Trachytkegels 629,6 Mètres ü. d. M.	26,2
„	11	45	Schlucht zwischen Horsa und dem westlich gelegenen Berg 604,6 Mètres ü. d. M. . . .	27,0
Nachmitt.	0	15	Gipfel W. des Horsa 723,8 Mètres ü. d. M.	28,3
„	0	45	„ „ „ „ „ „	30,5
„	2	—	Sattel des Horsa 633,4 Mètres ü. d. M.	31,5
„	4	15	Chelonagipfel 760,7 Mètres ü. d. M.	26,4
„	8	—	am Meeresstrande	24,5

Die Aussicht vom Mt. Chelona ist keineswegs so schön als die vom Oros auf Aegina; wohl übersieht man fast dieselben Küstenstrecken und Gebirgstheile, doch ist man schon zu weit von Attica entfernt und das vorliegende Aegina stört den Eindruck, den sonst die weithinziehende Meeresfläche auf den Beschauer machen müsste. Dafür aber gewinnt man von hier den Anblick der Südabhänge Aegina's, sowie die Aussicht auf die kahlen Kalkgebirge von Morea, unter welchen besonders der Mt. Ortholiti (1109 Mètres) auffällt. Die Bucht von Poros, sowie die Südtheile Methana's lassen sich gut überschauen. Von den übrigen Theilen der Halbinsel aber ist nichts zu sehen, denn nur gegen Süden senkt sich der Abhang des Chelona direct nach dem Meere, von allen andern Seiten scheint er als niederer Gipfel einem gegen Südwesten wenig geneigten Hochlande aufgesetzt, welches rings umgeben ist von einer Anzahl Kuppen, wenig niederer als Chelona selbst. Nicht einmal gegen Westen erlangt man einen Einblick auf die Kaimeni-Ausbrüche, da der weit gegen Süden fortsetzende Abhang des Horsa die Aussicht versperrt.

Der höchste Gipfel ist bedeckt mit zum Theil schlackigen Trachytblöcken, welche ihm wohl die Ehre eingebracht haben, auf der englischen Karte als »Extinct Volcano« bezeichnet zu werden. Nur zu rasch verflog uns die Zeit in Betrachtung der umgebenden Berge, deren Lage und Anordnung wir zu bestimmen versuchten, so dass für den Rückweg nach unserem Lagerplatz nicht viele Zeit übrig blieb. Diessmal umgingen wir die Berge an ihren Abhängen, welche wir diesen Morgen bestiegen hatten, verfolgten die sich dazwischen ausbreitenden kleinen Hochplateaus und gelangten so ohne grosse Schwierigkeit wieder nach dem Orte Kaimeni und von da in weniger als einer Stunde herab zum Meere. Der vom Chelona nach Kaimeni führende, nur hie und da kenntliche Pfad geht mehrmals über grosse Blockfelder, wo man ähnlich wie auf den Gletschermoränen oder den neuen Lavenfeldern Santorin's von Block zu Block springend in äusserst ermüdender Weise fortschreitet.

Noch in der Nacht verliessen wir Methana um nach dem Piraeus zurückzukehren, woselbst wir auch nach mehr als zwanzigstündiger Fahrt wohlbehalten anlangten.

Fassen wir nun die, während eines zweitägigen Aufenthaltes gemachten Beobachtungen zusammen und suchen, in Verbindung mit dem Wenigen, was wir von dem Ostheile des Gebirges bei einer Dampfbootfahrt nach Poros zu sehen Gelegenheit hatten, ein Bild der ganzen Halbinsel zu entwerfen, so kommen wir unbedingt zu dem Resultate, dass Methana zu betrachten ist als ein vielgipfliger Trachytdom, gebildet durch eine Anzahl hoher, steiler Rücken, welche von der Küste nach dem centralen Theil convergirend, sich dort zu einem von vielen Kuppen umgebenen Hochplateau vereinigen. — Gegen Nordost und Süden ist diese Anordnung gut ausgebildet; gegen Westen tritt sie weniger scharf hervor, und gegen Süden schliesst der Fuss des Mt. Chelona, dessen höchster Kamm nur wenige hundert Mètres in der Mitte des centralen Hochlandes aufragt, den domförmigen Bau ab. Die Basis dieses supramarinen Trachytgebirges ist nahezu kreisrund; gegen Westen umschliesst es zum Theil das, eine vorspringende Spitze bildende **Panagia-Gebirge**, während nach Süden sein Fuss sich mit der Abdachung eines niederen Kalkrückens vereinigt, der seinerseits durch den Steno-Isthmus mit dem Festlande zusammenhängt. Die einzelnen Rippen dieses Trachytbaues sind getrennt durch, namentlich im untern Theil ziemlich tiefe, thalartige Einsenkungen, in welchen zur Regenzeit das Wasser dem Meere zufliesst. Nahe dem mittleren Theile des Gebirges aber vereinigen sich die Abhänge der verschiedenen Rücken zu der Hauptgebirgsmasse, so dass die einzelnen Höhenzüge wie Strebepfeiler den ganzen Bau zu stützen scheinen. — Jedem dieser einzelnen Rücken sind eine Reihe kegelförmiger Gipfel aufgesetzt, zwischen welchen im centralen Theile jene, oben beschriebenen Plateaus sich ausdehnen.

Ueber die Entstehungsweise des Methana-Gebirges kann man an Ort und Stelle, bei Vergleichung der vorliegenden Verhältnisse mit den an andern Trachytgebilden gemachten und durch die neue Santorin-Eruption glänzend bestätigten Beobachtungen nicht zweifelhaft sein, zumal das jüngste Gebilde der hier thätigen vulkanischen Kräfte, der Kaimeni-Strom, wie ein Muster der zum ganzen Gebäude verwendeten Bausteine vor Augen liegt.

Der Hergang bei der Bildung des Gebirges war demnach etwa folgender:

Zähflüssige Trachyte durchbrachen in vielfacher Aufeinanderfolge die alten Kalkgebirge und häuften sich auf diesen zu hohen wulst- oder auch kegelförmigen Rücken auf; dabei fanden die Eruptionen nahe bei einander auf einem kleinen Raume statt, so dass durch das Uebereinanderhäufen des ergossenen Materials der Meeresboden erfüllt und Inseln gebildet wurden. Zwei bis drei solcher Ströme, wie der beim Orte Kaimeni, aufeinandergethürmt, würden schon ein gegen 600 Mètres hohes Gebirge bilden; aber dieses Uebereinanderhäufen konnte erst stattfinden, nachdem bereits durch die Ausbruchsmassen ein breiter Unterbau gewonnen war. Da nun jeder dieser einzelnen Ströme einen kleinen Gebirgszug für sich darstellt, so musste durch die öfters wiederholten Ausbrüche auf einer kleinen Fläche der radiale Bau des Gebirgs bedingt werden. Im centralen Theile stauten sich die zähflüssigen Massen am meisten an; sie bildeten den Hauptkörper der Halbinsel. Die seitlichen stromartigen Ausdehnungen der feurigflüssigen Gesteine erzeugten die strebepfeilerartigen Rippen, zwischen welchen die thalähnlichen intercollinen Räume herabziehen. Dann aber werden auch Ausbrüche weiter vom Mittelpunkt des Gebirges und zwar wohl nicht selten gerade in diesen intercollinen Schluchten stattgefunden haben, durch welche die Lücken im ursprünglichen Bau erfüllt und die Widerstandsfähigkeit des ganzen Systems in der Art erhöht wurde, dass nun die vulkanischen Kräfte sich wieder Auswege in dem centralen Theile bahnen mussten. Dass ein solcher Ausbau nicht ganz regelmässig auf allen Seiten stattfindet, bedarf wohl keiner Erörterung; bald wird das eine Gehänge eines solchen Gebirgs durch neue Ausbrüche bedeutend erhöht, während an einer andern Stelle noch tiefe Zwischenräume zu erfüllen sind; bald aber scheinen die vulkanischen Kräfte nur bestrebt, alle vorhandenen Unebenheiten auszugleichen, ohne zur weiteren Erhöhung des Gebirgs beizutragen. — Alle diese verschiedenen Zustände sind dann aber keineswegs als verschiedenartige Bildung, sondern nur als verschiedene Phasen der Entwicklung eines solchen Domgebirges zu betrachten. — Hier auf Methana sehen wir eine Anzahl Rücken ihren Ursprung nahe der Mitte des ganzen Berges nehmen, so dass von ihren höchsten Kuppen ein Hochland umgrenzt wird, in welchem durch eine spätere Eruption der Monte Chelona sich aufbaute.

Die Einsenkungen zwischen den hohen Trachytrücken müssen als intercolline Räume betrachtet werden, welche zwischen den erstarrten Seitenwänden der ungeheuren Lavenströme frei blieben; denn nur auf der Ostseite der Halbinsel scheint die Erosion einige bedeutende Veränderungen hervorgerufen zu haben; im Uebrigen scheint, wie bereits oben bemerkt, ihre Wirkung sich darauf zu beschränken, dass durch Herabführen von Schutt und Detritus die intercollinen Räume ausgeebnet, und namentlich die von allen Seiten umschlossenen Hochplateaus aus einem wüsten Blockmeer in fruchtbare Länder umgewandelt wurden.

Dass diese Trachytausbrüche auf den älteren Kalken stattfanden, liess sich schon aus der Natur der umgebenden Inseln und des den Busen von Athen umschliessenden Festlandes abnehmen, und durch die zum Theil von Ausbruchsmassen umhüllten Kalkgebirge bei Panagia und dem Steno-Isthmus wird diese Annahme über allen Zweifel erhoben.

Nach der Angabe der französischen Karten und den Bemerkungen im zugehörigen Texte würden diese alten Kalke, hier auf Methana, wie auf dem benachbarten Aegina, der Kreideformation zuzurechnen sein. Wir haben jedoch, ausser einigen auf der verwitterten Oberfläche der dichten Kalkblöcke sichtbaren Umrissen von Conchylienschalen beim Kap Panagia, nirgends Versteinerungen beobachtet.

Wie Methana so muss auch Aegina gebildet sein. Denn, wenn auch auf jener Insel durch Verwitterung und Erosionswirkung die ursprünglichen Gebirgsformen manichfach verändert erscheinen, so lässt sich doch im Allgemeinen das Lagerungsverhältniss der eruptiven Massen erkennen. Der Südtheil mit dem aufgesetzten Oros-Kegel zeigt Andeutungen des radialen Baues; der centrale Theil ist schön domförmig und möchte wohl die Einsenkung auf dem Gipfel, in welcher das Kloster Panagia liegt, ähnlicher Entstehung sein wie jenes von niederen Bergen umgebene Hochland, aus welchem auf Methana der Mt. Chelona aufsteigt. Mt. Taspelia und Stavroin sind mächtige Strommassen, welche noch nicht durch zwischenliegende Ausbrüche mit den anderen Theilen der Insel enger verbunden wurden. Die zwischen diesen drei Gebirgstheilen bestehenden Einsenkungen oder Thäler müssen ebenfalls als intercolline Räume betrachtet werden, d. h. als Vertiefungen, welche bedingt wurden durch die räumliche Anordnung der eruptiven Gesteine.

Die Bildungsart Aegina's und Methana's durch Uebereinanderhäufen mächtiger Lavaströme findet sich auch angedeutet in den verschiedenen über- und nebeneinander vorkommenden Trachytvarietäten, welche, wenn sie auch unter sich grosse Aehnlichkeit besitzen, doch unmöglich einem und demselben Ausbruche zugerechnet werden können. Die Gesteine Aegina's sind alle in einem mehr veränderten Zustande als die von Methana. Die verschiedenen Varietäten unterscheiden sich auf ersterer

Insel auffallender von einander, sowohl durch die Farbe, als auch durch die Art und Grösse der ausgeschiedenen Krystalle. Auf Methana charakterisiren sich sämmtliche vulkanische Gesteinsarten durch eine ausgeprägte, porphyrartige Structur, hervorgerufen durch grosse Feldspath- und Hornblende-Individuen, welche in der stark krystallinischen Grundmasse auftreten. Tuffe oder Schlackenschichten fehlen in beiden Gebirgen, und könnten höchstens die auf Aegina vorkommenden hellen Gesteinsschichten unter den dunklen und festen Trachytmassen als analoge Bildungen gedeutet werden.

Beim Aufbau dieser ältesten vulkanischen Gebirge haben wir bis jetzt die Frage unerörtert gelassen, ob die Ausbrüche supra- oder submarin stattgefunden haben. — Schon bei Aegina hatten wir Gelegenheit, die Bedeckung der Trachytkuppen durch tertiäre Schichten anzuführen und auch auf Methana sollen, nahe Apano Mouska, am Abhange der hohen Berge, ähnliche Lager vorkommen. Die submarine Bildung der so bedeckten Theile kann also kaum bezweifelt werden, doch muss dieselbe auch für einen grossen Theil der nicht von sedimentären Schichten bedeckten Rücken in Anspruch genommen werden, da die hohe Lage der tertiären Schichte Morea's eine auf weite Strecken des Continents sich ausdehnende Niveauveränderung nachweist, von welcher diese Inseln nicht ausgenommen werden können. Die Oberflächenbeschaffenheit der Trachyte unterstützt ebenfalls eine solche Annahme, da, wie wir gesehen haben, auf dem noch wenig zerstörten Methana die Berge mit mächtigen Blockfeldern und nur ausnahmsweise mit Schlackenbildungen bedeckt sind. Nun scheint aber nach den bis jetzt, allerdings nur in sehr geringer Zahl, vorhandenen Beobachtungen die Bildung schlakenfreier Blockkrusten durch eine Wasserbedeckung bedingt, während beim Fliessen glühender Gesteine an der Luft poröse Aufblähungen selten fehlen. — Auffallend ist nur, dass diese obersten Blöcke auf Methana und Aegina eben so grobkrystallinisch sind, wie die tiefer anstehenden Gesteinsmassen, während man doch, nach Analogie mit anderen Ausbrüchen, eine obsidianartige Ausbildung bei denselben erwarten sollte. Aber alle diese, auf die Form und Structurverhältnisse der Laven gegründeten Schlüsse müssen, bei dem jetzigen Stand unserer Kenntniss der Wirkungsart vulkanischer Kräfte, noch als sehr zweifelhaft erscheinen. Namentlich darf man dabei nie vergessen, dass gerade die so auffallende Schlackenbedeckung durch die Wirkung der Atmosphäre und besonders durch die heftigen Regengüsse zerstört und hinweggeführt wird, während an den unterliegenden Blockmassen und Lavabänken sich die Wirkung derselben noch gar nicht erkennen lässt.

Ein Theil, und wahrscheinlich der grösste, der beiden vulkanischen Gebirge wurde also submarin gebildet und wurde erst durch jene Niveauveränderung, welche in oder nach der tertiären Zeit Morea's Höhenzüge und die meisten der Cykladen beträchtlich erhöhte, zu supramarinen Berglanden umgeschaffen, deren vollständiger Ausbau wohl noch häufige, bis in die historische Zeit reichende Ausbrüche erforderte. — Lange Zeiträume, ja Jahrtausende mögen dabei zwischen den einzelnen Eruptionen verflossen sein, so dass es unmöglich wird, sich ein Bild von dem Zeitaufwande zu schaffen, dessen die Natur bedarf zur Bildung solcher Gebirge. — Die Länge der Ruhepausen kann nicht übertrieben erscheinen, wenn man bedenkt, dass der — selbst nach den geschichtlichen Ueberlieferungen — nun über 2000 Jahr alte Kaimeni-Strom noch ein so frisches Aussehen bewahrt, dass, deuteten nicht die auf dem Kegel wachsenden Bäume auf ein höheres Alter, man denselben für einen kaum 100 Jahre alten Erguss halten könnte. Und doch finden sich an den umgebenden und geologisch gleichaltrigen Bergen nur noch wenige Zeichen des früher flüssigen Zustandes erhalten. Seit mindestens 2000 Jahren hat kein Ausbruch hier stattgefunden, aber dennoch sind wir nicht berechtigt, diese vulkanischen Gebirge als erloschen zu betrachten, denn welch ein verschwindendes Zeitmoment sind 2000 Umdrehungen um die Sonne in dem Bildungsgange unsers Planeten! Bei den sedimentären Gebilden haben die Geologen allgemein, und ohne irgend welchen Widerspruch zu finden, das Rechnen nach »Jahren« aufgegeben und als Einheit den allerdings sehr verschiedenartig definirten Begriff der »geologischen Periode« eingeführt. Die kleinsten Unterabtheilungen dieser

Perioden umfassen noch lange Reihen von Jahren, und was geologisch als gleichaltrig bezeichnet werden muss, würde nach Jahren gemessen durch ungeheure Zeiträume getrennt erscheinen. — Was aber könnte uns berechtigen bei vulkanischen Bildungen plötzlich einen Maassstab anzulegen, verschieden von dem, mit welchem wir andere geologische Verhältnisse bemessen? Mit welchem Rechte könnten wir über die Wirkungsweise vulkanischer Kräfte ein Urtheil fällen wollen, wenn wir ihnen nur wenige, je nach der Laune eines Systematikers mehr oder minder kärglich zugemessene, irdische Jahre zur Entwicklung ihrer Thätigkeit gönnen, während der Sedimentbildung, der Erosionswirkung, der Zersetzung und Umbildung von Gesteinen und Mineralien ungemessene Zeiträume zur Verfügung gestellt werden? Diese Anwendung menschlichen Zeitmaasses auf geologische Begebenheiten ist gewiss ebenso ungeeignet als es die Zugrundelegung des Fusses oder Mètres bei der Ausmessung der Himmelsräume sein würde. Nicht die in Chroniken oder wissenschaftlichen Werken aufbewahrten Ausbruchsberichte lassen also erkennen, ob ein vulkanisches Gebirge als erloschen oder noch thätig zu betrachten sei; die Entscheidung dieser Frage kann nur aus einer Untersuchung der geognostischen und topographischen Verhältnisse solcher Berge abgeleitet werden; zu ihrer Lösung ist das Studium der beiden, die Gestalt der Berge bedingenden, aber entgegengesetzt wirkenden, aufbauenden und zerstörenden Naturkräfte zu Grunde zu legen. Von diesem Gesichtspunkte aus ist als erloschen, im wissenschaftlichen Sinne, ein eruptives Gebirge nur dann zu bezeichnen, wenn die durch die Ablagerung der Ausbruchsmassen bedingten Bergformen und die sie bildenden Gesteine einzig und allein durch die lang andauernde Einwirkung der zersetzenden Thätigkeit der Atmosphärilien und der erodirenden Kraft des fliessenden Wassers verändert wurden, ohne dass neue Eruptionen zu einer Umgestaltung des Terrains beitrugen.

Zum vollen Verständniss inselartiger Gebilde gehört unbedingt auch die Kenntniss des in dem Wasser verborgenen Unterbaues, durch welche erst die Verbindung der einzelnen an der

Meeresfläche getrennt erscheinenden Berge kenntlich wird. Nun gehört aber gerade die Bucht von Athen zu den in dieser Hinsicht am besten bekannten Meerestheilen, da von den Offizieren der englischen Marine zwischen diesen Inseln eine ausserordentlich grosse Zahl von Tiefenmessungen vorgenommen wurden. Da die auf beiliegender Karte eingezeichneten Tiefencurven ein Bild des Meeresgrundes gewähren, mag eine kurze Schilderung genügen, in welcher auf einige der wichtigsten Punkte hingewiesen werden soll.

Der keineswegs tiefe, zwischen Attica und Morea eindringende Meeresarm wird durch ein, in seiner Mitte gelegenes submarines Plateau, auf welchem die Lagosa, Hypsili, St. Johannis-Inseln, Angistri, Moni und Aegina aufgesetzt sind, in zwei Becken getheilt. Mit Attica steht dieses, im Mittel kaum 20 Faden (37 Mètres) unter der Meeresfläche liegende Hochland, durch einen schmalen Sattel in Verbindung, der an seiner niedersten Stelle doch nur 38 Faden (69 Mètres) unter dem Wasser sich befindet. Gegen Süden zu vereinigt ein etwas niedererer Kamm das Methana-Gebirge mit dem Unterbau dieses Inselcomplexes. Alle hier beisammenliegende Inseln werden von der 50 Fadenlinie umschlossen, nur Kyra, Salaftonisi und Petro Kargo steigen aus grösserer Tiefe auf. Im Norden dieses Hochlandes zeigt das Meer Tiefen zwischen 50 und 100 Faden (90—183 Mètres), während im Westen dicht an der hohen und steilen Küste der Kalkberge Morea's eine über 100 Faden (183 Mètres) tiefe Rinne entlang zieht, nach Süden an Tiefe zunehmend, so dass an der tiefsten Stelle, in der Epidaurus-Bucht, dicht bei Methana mit 215 Faden (403 Mètres) kein Grund mehr gefunden wurde. Gleichsam als Fortsetzung dieser Einsenkung beginnt gleich an der Ostküste Methana's eine ähnliche, über 130 Faden (238 Mètres) tiefe Mulde, welche bald gegen Nordost umbiegend als schmaler Kanal parallel dem Südabhang des submarinen Plateaus verläuft. Im Süden wird dieser tiefe Meeresarm durch eine seichte Strecke begrenzt, welche von Poros aus gegen die Insel St. Georgios hinzieht, so dass der über 100 Faden tiefe Arm erst beim Südcap von Attica, bei Cap Colonna, in das ägäische Meer mündet.

Während also die Trachyte Aegina's augenscheinlich einem sedimentären Plateau aufgesetzt sind und somit nicht in grosse Tiefe fortsetzen können, steigt Methana rasch aus dem tiefsten Theil des Meerbusens empor. Die Verbindung, in welcher aber auch hier die eruptiven Gesteine mit den älteren Kalkbergen stehen (Panagia- und Steno-Berge), können anzudeuten scheinen, dass auch diese Trachyte an einer seichten Meeresstelle abgelagert wurden. Doch ist wahrscheinlicher, dass einst längs der ganzen Morea-Küste der tiefe Meereskanal sich hinzog, und dass das Panagia-Gebirge eine ähnlich steile Insel bildete, wie jetzt z. B. das nördlich von Poros gelegene Platia. Dafür scheint der ungeheuer steile Abhang des submarinen Theils der Kalke zu sprechen, welcher an der Südküste bis über $63^°$ erreicht. Die auf dem Plateau aufgesetzten Inseln besitzen dagegen sehr sanfte submarine Gehänge, und selbst die steilsten Theile Methana's, mit Ausnahme der Landzunge des Kaimeni-Stromes, (welche mit c. $36^°$ abfällt) senken sich mit 14—$20^°$ Neigung nach den tieferen und flacheren Theilen des Meeresbodens. Diese Neigungen finden sich jedoch nur an wenigen Punkten der Ost- und Westküste Methana's; im Allgemeinen ist die Neigung des Meeresgrundes eine sehr geringe und selbst die tiefsten Kanäle erscheinen in richtig gezeichneten Durchschnitten als unbedeutende Einsenkungen mit ganz sanften, mit 5, 6 und höchstens $14^°$ geneigten Gehängen. Auf dem mit Inseln besetzten Plateau hat der Meeresboden sogar nur eine Neigung von 2—$4^°$. Die Formen der submarinen Berge unterscheiden sich somit wesentlich von den schroffen Gestalten jener der Erosion und den Atmosphärilien ausgesetzten supramarinen Gipfel.

Nimmt man an, wie es der Verlauf der Tiefenlinien zu verlangen scheint, dass die Trachyte Meerestiefen von über 100 Faden auszufüllen hatten, so würde Methana's eruptive Bildung eine Mächtigkeit von ca. 950 Mètres besitzen. Lässt man aber selbst den submarinen Theil ganz ausser Acht, so bieten uns die Gebirge Aegina's und Methana's immerhin noch Trachytmassen von einer Mächtigkeit, neben welcher die der meisten Ablagerungen derselben Gesteinsart als unbedeutend erscheinen.

Und doch war es bisher immer das sogenannte »massige Auftreten« der Trachyte und Phonolithe, welche der auf vulkanische Ausbrüche gegründeten Erklärungsweise ihrer Entstehung unüberwindliche Schwierigkeiten zu bereiten schien. — Die Folgerungen, welche Hartung aus seinen Beobachtungen der mächtigen Laven Terceira's zog, finden ihre vollständige Bestätigung in der Bildungsweise der eben betrachteten Gebirge, sowie auch durch den noch jetzt fortdauernden Ausbruch auf Santorin, dessen Kaimeni-Gebirge in Form und innerer Structur das genaue Ebenbild Methana's darstellt.

Die Trachyt- und Phonolithkegel des Hegau's, der Rhön, des Westerwaldes, der Eifel (Olbrück), Böhmen's etc., die so lange, als Wahrzeichen eines räthselhaften Wirkens der Naturkräfte in längst verflossenen Zeiten, den Scharfsinn der Geologen beschäftigten, finden ihre einfache Erklärung in diesen fast immer schlackenfreien Ausbrüchen zähflüssiger Massen. Das Siebengebirg und ähnliche Trachytzüge, deren Gesteine aus geognostischen und mineralogischen Gründen von so vielen Geologen mit einer gewiss nicht gerechtfertigten Consequenz den eigentlichen Laven gegenüber gestellt wurden, dürfen sicherlich nur als Trachytströme betrachtet werden, und zwar nicht als Ströme von »urweltlicher« Grösse, sondern fast als unbedeutend neben den typschen Erscheinungen im griechischen Archipel.

Und wie diese kleinen, vereinzelt auftretenden Kuppen als schwache Trachyteruptionen zu betrachten sind, so müssen jene schön geformten, hohen Berge, jene sogenannten »geschlossenen Trachytdome«, für welche der Puy de Dome als typische Ausbildung gilt, und als deren grossartigsten Repräsentanten Alexander von Humboldt den Chimborasso bezeichnete, als die Producte gewaltiger, vielleicht oft wiederholter Ausbrüche betrachtet werden.

Etwas ausführlich haben wir im Vorstehenden, sowohl die während wenigen Tagen gemachten Beobachtungen, als auch unsere Reiseroute geschildert. Einmal weil wir für wünschenswerth hielten, den Leser durch genaue Angabe der besuchten Berge und der auf die Untersuchung verwandten Zeit in den Stand zu setzen, sich ein Urtheil darüber zu bilden, welches Vertrauen die gegebenen Beobachtungen und die daraus gezogenen Schlüsse verdienen; dann aber auch um zukünftigen Besuchern die Erforschung dieser interessanten und so leicht zu erreichenden vulkanischen Gebiete an das Herz zu legen und durch Angabe der fraglichen Punkte zu erleichtern. — Der Mangelhaftigkeit unserer Schilderung sind wir uns nur zu wohl bewusst; doch dürfen wir hoffen, dass wenigstens für Methana bald Ergänzungen zu erwarten sind, da sowohl Herr Fouqué als auch Herr Professor v. Seebach diese Halbinsel besuchten. Der erstgenannte Forscher, von der französischen Regierung zur Beobachtung des Santorin-Ausbruchs ausgesandt, hat namentlich die warmen Quellen Methana's, welche sich bei Vromolimni und Kato Mouska finden, untersucht; Herr von Seebach, zu gleichem Zwecke von der damals hannöveranischen Regierung entsendet, wandte seine ganze Aufmerksamkeit dem Ostheile Methana's und dem dritten, von uns nur im Vorüberfahren besichtigten peloponesischen Ausbruchspunkt an der Südspitze der Insel Poros zu.

ANHANG.

Thal von Sousaki.

Beiläufig nur wollen wir einer Gegend Griechenlands gedenken, welche häufig als der nördlichste Endpunkt der sogenannten »vulkanischen Spalte« des griechischen Archipels betrachtet wird. Wir meinen das durch seine Gasexhalationen berühmte, unweit des Isthmus von Korinth gelegene Thal von Sousaki.

Ohne hier auf eine Erörterung jener Theorie, nach welcher alle vulkanischen Gebirge auf langgedehnten Spalten der festen Erdrinde in Reihen angeordnet liegen sollen, oder deren Anwendung auf die griechischen Inseln einzugehen, können wir doch nicht umhin, unsere Meinung dahin auszusprechen, dass zum wenigsten Sousaki in keinerlei Verbindung mit jenen Eruptionen gedacht werden kann, welchen Santorin und Milo oder Aegina und Methana ihre Entstehung verdanken. Allerdings entweichen in dem Thale von Sousaki Gase in grosser Menge dem Boden, welche wohl bei keinem vulkanischen Ausbruche fehlen und welche für den Solfatarenzustand vulkanischer Gebirge charakteristisch sind. — Neben grossen Mengen von Kohlensäure tritt Schwefelwasserstoff und hie und da auch schweflige Säure auf, durch deren gegenseitige Zersetzung und Einwirkung auf das umgebende Gestein Erscheinungen hervorgerufen werden, wie wir solche in der Regel nur in den Krateren vulkanischer Gebirge zu sehen gewohnt sind.

Aber die Entwicklung der obengenannten Gase kann durch die mannigfachsten Ursachen bedingt werden und sind dieselben keineswegs an das Auftreten feurig flüssiger Gesteinsmassen gebunden. Bedarf auch eine solche Behauptung kaum mehr einer näheren Begründung, so mag es uns doch gestattet sein, einige hierauf bezügliche Beispiele anzuführen, von welchen das erste noch wenig bekannt, das zweite aber ein guter Vergleichspunkt für Sousaki sein dürfte.

In dem devonischen Schiefergebirge, welches von Süd-Spanien nach dem Königreich der Algarve herübersetzt, liegt auf der linken Seite des Guadiana, wenige Stunden von Mertola entfernt, jedoch noch auf portugiesischem Grund und Boden, das Kupferbergwerk São Domingo. Durch die alten, wohl von Römern und Arabern ausgeführten, Tagebauten, sowie durch die Versuchsarbeiten einer englischen Gesellschaft ist ein kupferarmer Kiesstock von ganz ungewöhnlicher Ausdehnung erschlossen. Die Thonschiefer, welche in einiger Entfernung von der Erzmasse ihre regelmässige Schichtung und Schieferung zeigen, sind in unmittelbarer Nähe desselben in der auffallendsten Weise verändert. Die Gesteine sind meist klingend, roth, leicht brüchig und doch sehr hart geworden, so dass sie wie verbrannt erscheinen. Aus Klüften und Spalten im Gestein entweichen warme Dämpfe, deren Geruch Schwefelwasserstoff und Spuren von schwefliger Säure anzeigt.

Das Auftreten dieser »vulkanischen« Gase und die grell gefärbten, veränderten Gesteine, welche die weite, durch ausgedehnte Tagebaue entstandene Vertiefung in abenteuerlichen Formen umgeben, lassen es leicht begreiflich erscheinen, dass im Lande selbst diese Erzlagerstätte hie und da als vulkanischer Natur bezeichnet wird. Doch liegt es auf der Hand, dass wir es hier mit Erscheinungen zu thun haben, hervorgerufen durch die Einwirkung und theilweise Reduction der bei der Oxydation der Kiese sich bildende Säure.

Aehnliche Gasentwicklungen, nur in grösserem Maassstabe, finden sich in dem aus sedimentären und metamorphischen Gesteinen zusammengesetzten Gebirge des Unter-Engadins, namentlich bei dem Badeorte Tarasp. Dort werden die höchsten Theile der Berge aus mächtigen Dolomit- und Kalkmassen gebildet, während im Grunde des Innthales »grüne Schiefer« (Kalkthonschiefer), Hornblende führende Granite, gabbroartige Gesteine und jene eigenthümlichen Felsarten anstehen, bei welchen man immer von Neuem darüber in Zweifel geräth, ob man es mit einer krystallinischen oder einer wahren sedimentären Bildung zu thun hat. In allen den Feldspathgesteinen ist die beginnende Serpentinbildung zu erkennen, ganz in ähnlicher Weise wie an den Gabbro's des Oberhalbsteiner Rheins oder in den von Herrn G. vom Rath untersuchten Hornblende führenden Graniten des Ober-Engadins. Aber auch grosse Serpentinmassen, welche augenscheinlich aus solchen Gesteinen entstanden, sind an vielen Stellen aufgeschlossen. In der unmittelbaren Nähe dieser in der Umbildung begriffenen Gesteine, entweichen aus dem Kalkschiefer die stark Kohlensäure haltigen Mineralquellen und Kohlensäure-, sowie Schwefelwasserstoffexhalationen sind überall an dem Thalgehänge bekannt.

Ganz analog diesen Tarasper Verhältnissen sind die Erscheinungen bei Sousaki. Der hohe Gebirgszug nämlich, welcher den Meerbusen von Korinth auf der Nordseite begrenzt, setzt ununterbrochen gegen Süden, bis zur Stadt Megara fort. Und wie im Norden des Isthmus, so treten auch gegen Salamis zu die steilen Kalkberge an einigen Stellen so dicht an die Küste, dass kaum Raum für einen Weg verbleibt; an anderen Punkten erstrecken sich weithin zwischen dem Meeresstrande und den Ausläufern des Gebirgszuges landeinwärts ansteigende Ebenen. Die aus den Bergen kommenden Bäche haben ihr gewundenes Bett auch in dieses, mit lichter Waldung bedeckte, flache Terrain eingewaschen und die in diesen Wasserrissen entblössten Geröll-, Mergel- und Schuttschichten zeigen, dass das Vorland einer verhältnissmässig neuen Ablagerung angehöre.

Auf einem etwa zweistündigen Ritt von Kalamaki aus gegen Osten, hatten wir, indem die Strasse von Megara zu unserer Rechten blieb, schon viele solche kleinere, jetzt trockene Bäche gekreuzt, als wir in ein grösseres Thal einbogen und das wasserleere mit blühenden Oleandern besetzte Bachbett gegen das Gebirge hin verfolgten. Neben hellen, buntfarbigen Kalksteingeröllen, waren es besonders dunkelgrüne, gabbroartige Gesteinsvarietäten, welche in losen, scharfkantigen, zum Theil aber auch gerundeten Stücken den Boden bedeckten und immer häufiger wurden, je mehr wir uns den Bergen näherten. Die begrenzenden Wände des Bachbettes nahmen mehr und mehr an Höhe zu, und ziemlich plötzlich zeigte das vielfach gebogene Thal einen anderen Charakter. Unter den hell gelbbraunen, mergeligen Kalken, deren ziemlich rasch dem Meere zufallende Schichten, seit dem Eintritt in das eigentliche Gebirge, die Thalwände bildeten, treten nämlich buntgefärbte oft blendendweisse und mit farbigen Streifen durchzogene Gesteinsmassen hervor, welche thalaufwärts einen immer beträchtlicheren Theil der Seitengehänge einnehmen, bis sie zuletzt die ganzen über 100 Mètres hohen Thalwände zusammensetzen. Ist es auch kaum mehr möglich in diesem Chaos zersetzter Gesteine eine regelmässige Schichtung zu erkennen, so schien es uns doch, nach Beobachtungen an weniger veränderten Gesteinslagern, dass hier eine ältere, die oben erwähnten mergeligen Kalke unterlagernde Kalkformation vorliege, die durch Einwirkung verschiedenartiger Säuren umgewandelt wurde. Jetzt besteht die Hauptmasse der Felswände aus hellen Gypsen und dunklen durch Gyps verkitteten Breccien, zwischen welchen harte Kieselausscheidungen oder mit Schwefelkrystallen erfüllte Schichten hervortreten. Fast alle Farbentöne in Grün, Gelb, Roth, Blau und Braun zeigen die schon bei der Berührung in Grus zerfallenden Materialien. Aus allen Klüften und Spalten entweicht Kohlensäure in grosser Menge, hie und da untermengt mit Schwefelwasserstoff und wohl auch manchmal mit schwefliger Säure[*]).

Im Grunde des schwer passirbaren, mit grossen Blöcken erfüllten und hier etwas Wasser führenden Thales, stehen unter den halbzersetzten Gesteinen dunkelgrüne Felspartieen an, welche auch in unregelmässigen Massen an den Thalwänden aufragen. Es sind diess zähe, zerklüftete Serpentingesteine, die an manchen

---

[*]) Die Gase Sousaki's zu genauerer Untersuchung aufzusammeln war uns nicht möglich, da wir, zu einer raschen Heimkehr entschlossen, unsere sämmtlichen Apparate von Santorin aus nach Deutschland gesandt hatten.

Stellen in schmutziggrün zersetztes Material sich auflösen, an anderen aber in gabbroähnliche Gesteine übergehen und nur selten als deutliche, grüne Serpentine entwickelt sind. Gelang es uns auch nicht, den Gabbro in diesem Thale anstehend zu finden, so können wir doch, bei Vergleichung der lose gefundenen Geröllblöcke mit den verschiedenen Serpentinbildungen, nicht bezweifeln, dass hier das letztere Gestein aus dem Gabbro entstanden, dessen Diallagkrystalle auch noch in dem Serpentin erkennbar sind.

Besonders ausgezeichnet ist das Thal von Sousaki durch seine bedeutende Kohlensäureentwicklung und gehört es in dieser Beziehung gewiss zu einer der interessantesten Lokalitäten unseres Continentes. Es entweicht nämlich hier die Kohlensäure nicht nur aus vielen Spalten und Klüften, oder sammelt sich in kleinen Vertiefungen an, sondern sie erfüllt den Grund ganz beträchtlicher Höhlen bis zu mehreren Fuss Höhe. Die bedeutendste dieser Mofetten liegt in einer kleinen von rechts einmündenden Seitenschlucht ca. 10 Mètres über dem rasch aufsteigenden Bachbett, 113 Mètres über dem Meere*). Der Eingang dieser ca. 5 Mètres langen und vielleicht halb so breiten Höhle ist nur eng und befindet sich nur 1 Mètre über dem Boden, so dass die entweichende Kohlensäure sich bis zu dieser Höhe ansammeln muss, ehe sie nach Aussen abfliessen kann. Ohne im Geringsten von dem berauschenden Gase belästigt zu werden, kann man bis an das hintere Ende der etwa 3—4 Mètres hohen Höhle gelangen. Blickt man von da, indem man bis über die Hüften in der Kohlensäure selbst steht, nach dem hellen Ausgange, so sieht man, in Folge des verschiedenen Brechungsvermögens, welche die in Berührung befindlichen Gasmassen, die atmosphärische Luft und die schwere Kohlensäure, besitzen, das im Grunde der Höhle angesammelte Gas als schmalen Strom über das steile Thalgehänge ausfliessen. Wird durch das Hin- und Hergehen mehrerer Personen die ganze Gasmasse in Bewegung gesetzt,

---

*) Nach einer von Herrn Director J. Schmidt gütigst mitgetheilten Messung.

so geräth die Oberfläche des ausfliessenden und scharf abgegrenzten Gasstromes in wellenförmige Schwingungen, wodurch die Täuschung, als habe man es mit einer tropfbar flüssigen Materie zu thun, noch wesentlich erhöht wird. Die Temperatur der austretenden Gase ist sehr verschieden, doch mag dieselbe wohl nirgends 40° C. erreichen, wohl aber bis zu der der umgebenden Luft herabsinken. — Mineralwasser fehlen in dem Thale von Sousaki; möglicherweise aber stehen die, allerdings ziemlich entfernten, warmen Quellen von Lutraki in Verbindung mit den hier beobachteten Erscheinungen*).

Diese Thatsachen sind es, welche sich bei einer flüchtigen Untersuchung des Thales von Sousaki ergaben; jedenfalls wäre es aber interessant, die mit diesem Thale parallel verlaufenden Schluchten zu erforschen. Wenn sich, wie man behauptet, eine Gasentwicklung dort nicht, oder doch nur in geringerem Grade wiederholt, so darf man hoffen, die Gesteine der untern Formation, die Kalke und Gabbro in frischem Zustande anstehend zu finden.

Aus dem Wenigen, was wir mitgetheilt haben, geht jedoch schon zur Genüge hervor, dass wir durch nichts berechtigt sind, diese Erscheinungen in eine directe Verbindung mit dem Wirken vulkanischer Kräfte zu setzen. Wir sehen vielmehr hier, wie in dem aus den Alpen angeführten Beispiele, die Gasentwicklung in enger Vereinigung mit alten, in der Umbildung zu Serpentin begriffenen Gesteinen. — Dass in Sousaki die Kohlensäure in so überwiegender Menge auftritt, kann durchaus nicht befremden, wenn man bedenkt, welch mächtige Kalkformation hier zu Gypsen umgewandelt erscheint.

Allerdings wird in der Regel angenommen, dass die Serpentinbildung hervorgerufen wird durch die aus unbekannten Tiefen aufsteigenden Gase, oder durch die Gewässer, welche mit jenen gesättigt sind; gewiss kann es aber auch nicht bezweifelt

---

*) Die sehr starken Quellen treten fast im Meeresniveau aus mächtigen Kalkschichten hervor. Die Temperatur der heissesten Stelle fanden wir am 20. Juni 1866, 8 h. 30 m. a. m. zu 31°,6 C.; Luft 26°,1; Meer am Strande: 23°,8.

werden, dass die durch die verschiedenartigsten Gebirgsgesteine durchsickernden Tagewasser denselben Prozess einzuleiten vermögen. — Und werden in diesem letzteren Falle, bei der Umwandlung von Gesteinen, welche fast immer Schwefelkies und hie und da Kupferkies enthalten und aus welchen eine nicht unbeträchtliche Menge von Kieselsäure abgeschieden werden muss, nicht alle oben geschilderten Erscheinungen eintreten, sobald Ablagerungen von kohlensaurem Kalke in der Nähe sich finden? Wir zum Wenigsten sind geneigt, den ganzen Vorgang — in Sousaki wie in den Alpen — als einen in der Constitution der Gesteine begründeten und möglicherweise von Aussen eingeleiteten, lange währenden Umwandlungsprozess zu betrachten.

Herr Fouqué, welcher mehrere Tage der Untersuchung von Sousaki widmen konnte, deutet, in seiner sehr anziehend geschriebenen Schilderung der älteren vulkanischen Gebilde Griechenlands*), die dort beobachteten Verhältnisse in einer von unserer Auffassung sehr verschiedenen Weise. In jenem Aufsatze heisst es nämlich wie folgt:

»Dans les ravins de Sousaki par exemple, la serpentine parait être sortie du sol a l'état pateux, si non à l'état de fusion complète, et avoir joué à une époque ancienne le même rôle que jouent aujourd'hui les laves de nos volcans. L'apparition de cette roche aurait donc été accompagnée et suivie de la production des mêmes vapeurs acides qui se dégagent en si grande abondance dans nos éruptions modernes, et en effet on trouve à Sousaki les roches en contact avec la serpentine et la serpentine elle même altérées par des émanations sulfureuses, absolument comme il arrive dans les volcans en activité.«

Welcher Anschauung man auch immer huldigen mag, — einerlei ob man die Gasentwickelung als Folge oder als Ursache der Serpentinbildung ansieht, — so kann man doch auf keinen Fall an feurig flüssige Serpentin-Eruptionen denken, welche die Kalkschichten verworfen, und als deren Nachwirkungen die Gasexhalationen anzusehen seien. Soweit wir die unzersetzten Gesteinsschichten

---

*) Revue des deux -mondes. 15. Janvier 1867.

beobachten konnten, zeigen dieselben alle eine ungestörte Lagerung. Verwerfungen in den umgewandelten Massen erklären sich aber zur Genüge aus der bei der Ueberführung in Gyps unvermeidlichen Volumveränderung; und die vielen Blöcke des wenig veränderten Gabbrogesteins weisen in Verbindung mit den nicht schwer aufzufindenden Mittelgliedern der Umwandlungsreihe auf das ursprüngliche eruptive Gestein hin. Aber selbst wenn das ursprüngliche Gestein nirgends mehr aufzufinden wäre, müssten uns die an andern Serpentinmassen gemachten Erfahrungen zwingen, von einer feurig flüssigen Eruption abzusehen, zumal es wohl als allgemeine Regel gelten kann, dass Contactwirkungen, wie sie im Thale von Sousaki angenommen werden müssten, wohl hie und da metamorphischen Gebilden, nie aber eruptiven Gesteinen zukommen. Gerade Aegina und Methana müssten für die Beobachtung solcher Contactwirkungen vorzüglich geeignet erscheinen, da dort mehrfach hohe Kalkgebirge in Berührung mit den eruptiven Trachytmassen sich finden. Aber weder in diesen Gebirgen noch in der zum grossen Theil von Laven umhüllten und in der Meeresklippe gut aufgeschlossenen, aus Kalk- und Thonschiefer bestehenden Bergmasse des grossen Elias auf Santorin, gelang es uns auch nur Spuren solcher Einwirkungen zu beobachten.

Beschreibung

der auf

Aegina und Methana gesammelten Gesteine

von

Dr. K. von Fritsch.

Die eingehendere Untersuchung der Gesteine von Aegina und Methana setzt uns zunächst in den Stand, einen Vergleich zwischen den beiderseitigen Vorkommnissen anzustellen. Es ergiebt sich dabei das interessante Resultat, dass nicht nur die Felsarten der beiden Localitäten hinsichtlich ihrer mineralogischen Zusammensetzung im Wesentlichen übereinstimmen, sondern dass auch in dieser Beziehung eine gleich grosse Uebereinstimmung zwischen den ältesten und neueren Eruptivgesteinen, wie sie auf Methana nebeneinander beobachtet werden, stattfindet.

In allen Handstücken dieser eruptiven Gesteine sehen. wir Feldspathe vorherrschen, neben denen Amphibol, Glimmer (Biotit) und Magnetit bald in grösserer, bald in geringerer Menge an der Zusammensetzung einen wesentlichen Antheil nehmen, während Augit und Olivin, in einigen Felsarten von Aegina und Methana, eine nur untergeordnete Rolle spielen. Da nun diese Gesteine in ihrer äusseren Erscheinung dennoch eine grosse Mannigfaltigkeit besitzen, so ist die Ursache dafür zunächst in dem quantitativen Auftreten der einzelnen Mineralien zu suchen, ganz besonders aber in der Ausbildungsweise der einzelnen Individuen und nebenbei in der von äusseren Einflüssen abhängenden Beschaffenheit der Gesteine begründet. Wenn es nun sehr schwer, ja fast unmöglich ist, gerade diese feineren Eigenthümlichkeiten durch Worte so wiederzugeben, dass man eine genaue und nicht nur oberflächliche Vorstellung von den Gebirgsarten erhält, so bleibt die Charakteristik der Gesteine von Aegina und Methana auch in so fern noch mangelhaft, als bis jetzt keine Analysen ausgeführt werden konnten. Die äusseren Kennzeichen reichen vorzüglich für die Bestimmung der Feldspathspecies nicht immer aus; die mikroskopisch-chemische Untersuchung ergab bei Proben, welche mit Borsäure vor dem Löthrohr im Platindraht aufgeschlossen und auf dem Objectglas des Mikroskopes dann mit Salzsäure und anderen Reagentien behandelt wurden, einen nicht unbeträchtlichen Kalkgehalt der rissigen Feldspathe. Dieses lässt vermuthen, dass viele der Feldspathe, namentlich in den neueren Laven von Methana, kein Sanidin seien; gleichwohl scheinen in der Mehrzahl der Gesteine auch zahlreiche Feldspathe ohne Zwillingsstreifung vorzukommen, die sich nur manchmal durch grössere Pellucität von den gestreiften Arten unterscheiden.

Es erscheint darum wahrscheinlich, dass die Mehrzahl der untersuchten Gesteine zweierlei Feldspath enthalten, wie dies auch aus der optischen Untersuchung der Feldspathe im Trachyt vom Schlossberg auf Aegina gefolgert wurde. Eine spätere chemische Untersuchung wird das Vorkommen von Sanidin in diesen Gesteinen durch Nachweisung eines entsprechenden Kaligehaltes bestätigen, oder, wenn dieser Stoff in zu geringer Menge vorhanden ist, zeigen, dass die Feldspathe sämmtlich trikline sind. Einstweilen wurden die meisten der untersuchten Gesteine als Sanidin-Oligoklas-Trachyte betrachtet, nicht als Andesite.

In den Aegina-Trachyten konnte mehrfach freie Kieselsäure nachgewiesen werden, doch deuten einige, bei den Beschreibungen der betreffenden Handstücke mitgetheilte, Beobachtungen von concentrischer oder ringförmiger Bildung des vorhandenen Quarzes darauf hin, dass diess Mineral in den nicht mehr ganz frisch erscheinenden Gesteinen sich bei der Umwandlung gebildet haben könnte. Die Mehrzahl der untersuchten Felsarten zeigen einen gemeinsamen Typus, welcher von dem der Gesteine auf Santorin entschieden abweicht. Characteristisch für diese Trachyte ist der durch seine rissige Beschaffenheit milchweiss aussehende Feldspath, der Gehalt an Hornblende, zwischen deren Spaltflächen sich Glimmerblätter einschieben und das Vorkommen von Biotit in grösseren prismatischen und oft mit Feldspath durchwachsenen Krystallen. Ein weiterer gemeinsamer Charakter ist der Gehalt an einem in Salzsäure leicht und ohne Gelatiniren löslichen kalkhaltigen Minerale. Ob dieses etwa Anorthit oder ob es das in dem Präparate des Trachytes vom Schlossberg auf Aegina erkennbare in nadelförmigen Krystallen den Feldspath durchdringende Mineral ist, hat sich nicht entscheiden lassen.

Ebenso ist bezeichnend für die verschiedenen Trachyte, dass sie durch Salzsäure nur sehr wenig oder gar keine Alkalien ausziehen lassen, was bei den Trachyten anderer Gegenden, besonders aber bei phonolithischen Gesteinen in ausgezeichneter Weise der Fall ist.

Kieselgallerte wurde nach Behandlung mit Salzsäure nur bei denjenigen Gesteinen beobachtet, welche den für Olivin angesprochenen Gemengtheil enthalten. Das Vorkommen von Olivin in trachytischen Gesteinen ist jedenfalls ein seltenes, das jedoch in den obsidianartigen Laven von Santorin mit 66 % Kieselsäure wiederkehrt.

Auch bei den Trachyten dieser griechischen Inseln bestätigt sich die Erfahrung, dass die Hornblende der jüngeren vulkanischen Gesteine in dünnen Splittern und Nadeln mit brauner Farbe durchscheinend zu sein pflegt.

Auffallend ist aber das Fehlen oder das sehr sparsame Auftreten von Titanit, der doch gerade in den hornblendeführenden Gesteinen der Trachytfamilie so häufig gefunden wird.

Nach diesen allgemeinen Bemerkungen möge nun die Beschreibung der einzelnen Handstücke, welche mir zur Untersuchung vorgelegen haben, folgen.

Gesteine von Aegina.*)

Eruptivgesteine.

Trachytporphyr. Anstehend am Wege nach dem Tempel, ½ Stunde von der Stadt, bei der St. Eliaskapelle.

Erstes Handstück. Die Grundmasse ist dunkelgrau, dicht und etwas fettglänzend. Unter dem Mikroskop betrachtet, besteht dieselbe aus feldspathähnlichen Schuppen und zahlreichen dunklen Pünktchen, welche zum grössten Theile Magnetit aber auch ein augitähnliches Mineral zu sein scheinen.

Ausserdem enthält die Grundmasse in grosser Menge eingesprengte Mineralien, nämlich Feldspath, Glimmer, Amphibol, Trappeisenerz und Titanit (?), unter welchen Feldspathe vorwalten, höchstens bis 5 Millimètres Durchmesser erreichend, allseitig fest mit der Grundmasse verbunden, selten mit scharfer Krystallumgrenzung.

Die Feldspathe sind meist milchweiss, auch schwach grünlich, bisweilen matt, an einigen Stellen glasig; oft ist nur ein rauher Bruch erkennbar, nicht häufig sind grössere ebene Spaltflächen. Auf letzteren sieht man an einigen Individuen Zwillingsstreifung; anderen scheint diese zu fehlen, so dass wahrscheinlich zweierlei Feldspath im Gestein enthalten ist. Die Feldspathkrystalle umschliessen nicht selten kleine Individuen von Amphibol, Magnetit und Partieen der Grundmasse.

Der Glimmer tritt der Menge nach nur untergeordnet auf, erreicht aber viel bedeutendere Grössendimensionen als der Feldspath. Seine Krystalle sind prismatisch, dunkel- bis schwärzlichbraun und sind gleichfalls mit Theilen der Grundmasse, Feldspath und Zersetzungsproducten durchwachsen, wesshalb sie meist nur schwach schimmern.

Der Amphibol tritt in kleinen bräunlichschwarzen Säulen auf, deren

---

*) Die Sammlung der von Aegina und Methana mitgebrachten und hier bearbeiteten Gesteine umfasst gegen 100 Handstücke.

Spalt- und Bruchflächen meist undeutlich und matt erscheinen, wesshalb man nicht erkennen kann, ob nicht auch Augiteinsprengungen vorhanden sind.

Das Trappeisenerz findet sich in grösseren und kleineren Körnchen, die auch dem unbewaffneten Auge sichtbar sind, in der Grundmasse verbreitet.

Ferner erscheinen sehr vereinzelt in der Grundmasse eingesprengt zum Theil grünliche, zum Theil bräunliche, äusserst kleine, aber sehr stark (fast demantartig) glänzende Mineralkörner. Welchem Minerale sie angehören, bleibt zweifelhaft, man kann sie für Olivin, Zirkon oder Titanit halten.

In der Grundmasse bemerkt man ausserdem nicht selten kleinere und grössere scharfeckige Hohlräume, in die bisweilen Theile von Feldspathkrystallen hineinragen. Während einige dieser Hohlräume wohl nur Schlackenporen sind, dürften andere der Auslaugung eines früher vorhandenen Minerals ihre Entstehung verdanken. Die Wände sind mit einem weisslichen bis gelben, selten grünlichen und zum Theil traubig oder nierenförmig gestalteten Ueberzuge ausgekleidet. Selten sind die Höhlungen mit solchen Silicaten ganz erfüllt. Eisenoxydhydrat und ähnliche Zersetzungsproducte, die in geringer Menge vorhanden sind, färben einzelne Stellen des Handstückes.

Salzsäure löst aus dem Gestein, ohne Kieselgallerte zu bilden, etwas Eisen, Kalkerde und wohl auch etwas Magnesia.

Zweites Handstück. Dieser Trachyt besitzt eine granitähnliche Struktur, indem die sämmtlichen Gemengtheile mehr individualisirt erscheinen und daher keine eigentliche Grundmasse verbleibt.

Die Feldspathkrystalle erreichen eine Grösse bis über 10 Millimètres; bei einzelnen grauen Individuen wurde Zwillingsstreifung beobachtet. Neben dem Feldspath enthält das Handstück reichlich Amphibol, der bisweilen Feldspath und Glimmer (auch wohl Apatit) umschliesst, aber keine zusammenhängende Spaltungsflächen darbietet, indem dieselben zellig und löcherig durchbrochen erscheinen.

In nicht ganz geringer Menge enthält das Handstück ferner einen Gemengtheil, der bald rein grün, bald ins Bräunliche spielend von so rissiger Beschaffenheit ist, dass er fast wie aus kleinen Körnchen zusammengesetzt, kokolithartig, erscheint. Die möglichst sorgfältige chemisch-mikroskopische Untersuchung liess auf Olivin schliessen.

Ausserdem führt das Gestein einen hell aschgrauen, scheinbar amorphen, muschlig brechenden Körper, der sich mit der Stahlnadel nicht ritzen lässt, und nur an einer dichteren Stelle des Handstückes fehlt. Dieser Gemengtheil, im Aussehen dem Fettquarz nicht unähnlich, könnte als eine perlitartige Substanz angesehen werden. Andere kleine, glashelle Körner mit starkem Glanz und muschligem Bruch möchte man für Quarz halten.

Magneteisen fehlt auch in diesem Handstücke nicht.

Drittes Handstück. Es ist das als erstes Handstück beschriebene Gestein, jedoch in der Zersetzung begriffen. — Die Grundmasse ist weissgrau bis gelblichgrau, feinporig, daher mürbe und fast erdig. Die Feldspathkrystalle sind matt, mit gelblicher, erdiger Substanz und anderen Zersetzungsproducten umgeben. Glimmer und Amphibol zeigen glänzendere Spaltungsflächen als in dem ersten Handstücke. Augit scheint neben dem Amphibol nicht vorhanden zu sein. Das Trappeisenerz ist zum grossen Theil verrostet. Mikroskopische tombackbraune Punkte dürften als Magnetkies zu betrachten sein. — Ein nadelförmig krystallisirtes aber meist mit gelblichem erdigen Pulver bedecktes Mineral ist sicher ein Zersetzungsproduct. An einer Stelle des Handstückes sieht man grauen Quarz von fettquarzähnlichem Aussehen. Man würde denselben, da er das Nebengestein fast an allen Stellen berührt, für einen ursprünglichen Gemengtheil halten können, wenn nicht eine Art concentrischer Bildung eher für die Annahme spräche, dass dieser Quarz nur einen ehemaligen Hohlraum erfüllt. Im Querbruche bemerkt man nämlich zwei Rindenschichten des Minerals, von denen die untere bräunlich, die obere dagegen mehr von der weissgrauen Farbe des Kornes ist.

Viertes Handstück. Schlackige Ausbildung der schon beschriebenen Gesteinsvarietäten, jedoch in der Zersetzung begriffen.

Grundmasse rothbraun, dicht bis feinkörnig, an einigen Stellen sehr porös und dort gelblich gefärbt, etwas erdig. Eingesprengt sind: Feldspath, milchweiss, rissig, Zwillingsstreifung wurde nicht erkannt. Der Feldspath, welcher in gleicher Art wie in Handstück 1 und 2 auftritt, enthält auch Amphibol als Einschluss. Amphibol in kleinen Krystallen, meist matt, bräunlich und nicht ganz frisch. Glimmer, ziemlich grosse Prismen, rubellanfarbig und mit Feldspath und Grundmasse durchwachsen. Trappeisenerz in nicht bedeutender Menge. Ein weisslich zersetztes Mineral in den Hohlräumen zerstörter Krystalle.

Ein einzelnes Korn scheint das nicht selten vorkommende rothbraune Zersetzungsproduct des Olivins zu sein.

Das erste Handstück dürfte wohl zu dem von Virlet beschriebenen Trachyte bleu porphyroïde gehören und das zweite als Trachyte granitoide (Exp. en Morée II., p. 252 ff.), welchen auch Russeger von Poros beschreibt (N. Jahrb. 1840, p. 207), anzusehen sein.

Trachytporphyr. Anstehend am Fusse des Berges, auf welchem die Ruinen der alten Stadt gelegen sind. Weg nach dem Tempel.

Erstes Handstück. Grundmasse dicht, hell aschgrau bis weisslich, porös. Die darin ausgeschiedenen Krystalle sind: Feldspath, Glimmer, Amphibol, Magnetit, Quarz.

Die Feldspathkrystalle treten sehr zahlreich auf, sind rissig und in Folge dessen milchweiss. Die undeutlichen Spaltungsflächen lassen keine Zwillingsstreifung erkennen.

Der Glimmer (Biotit) bildet kurzprismatische Krystalle die bis 8 Millimètres Durchmesser und 5 Millimètres Höhe erreichen und ist mit Feldspath und Zersetzungsproducten durchwachsen.

Amphibol in prismatischen Krystallen, meist von geringer Grösse, an einigen Stellen in reicher Menge gruppirt, besitzt Spaltflächen, welche wegen der zelligen Struktur unvollkommen sind; durch Zersetzung ist er hie und da in einen grünerdeähnlichen Körper übergeführt, der im Verein mit einem andern mehr gelblichen Zersetzungsproducte das Gestein imprägnirt. Magnetit ist in kleinen Kryställchen vorhanden, dazu noch äusserst kleine tombakbraune bis goldgelbe Körnchen, die Pyrit oder Magnetkies sein können, vielleicht aber nur Magnetit mit dünnem Rostüberzuge sind.

Kleine, glashelle, muschlig brechende Körner sind nach der Härte, Unschmelzbarkeit und dem Verhalten gegen Soda vor dem Löthrohre nur für Quarz zu halten, doch treten dieselben nicht in grösserer Menge auf.

Zweites Handstück. Mehr verwittertes Gestein, porös und mürbe, gelblich gefärbt durch einen erdigen Ueberzug in den Poren. Die krystallisirten Gemengtheile wie bei der zuerst beschriebenen Varietät. Der Feldspath zeigt stellenweis Zwillingsstreifung, der Amphibol ist matter aber weniger zellig als dort; Quarz tritt sparsamer auf. In den Höhlungen finden sich kleine, weisse, matte, halbkugelige Punkte, vielleicht Opalnieren.

Das Gestein erinnert in der Farbe an den Drachenfelstrachyt; es ist wohl die von den Franzosen als Domit aufgeführte Varietät.

Drittes Handstück. Hellgrau, weissgesprenkelt, Grundmasse mikrokrystallinisch, grau. Einsprenglinge sind:

vereinzelte, grosse, dicke, braune Glimmerkrystalle, durchwachsen mit zahlreichen weissen und gelben Krystallkörnern;

viele milchweisse rissige Feldspathkrystalle mit unbestimmten Umrissen; reichlich kleine schwarze Amphibolprismen.

Häufig sind gelbe löcherige Flecken meist mit unbestimmten Umrissen zu sehen, die unter der Loupe ein weisses kaolinisirtes Mineral erkennen lassen, dessen zerfressenes Innere gelb überzogen ist. — Quarz bildet hie und da wenig glänzende Krystallkörner.

Der mikroskopische Schliff zeigt die — durch eine Abwechselung hellerer und dunkler Stellen etwas gewölkte, trübe — Grundmasse aufgelöst in grössere bis sehr kleine Feldspathindividuen, von denen die ersteren durchsichtig sind und sechs- oder vierseitige Umrisse haben, während viele schwarze undurchsichtige Pünktchen — wohl Magnetit — die Bedingung der grauen Farbe des Gesteines sind.

Die grössten eingesprengten Krystalle gehören dem Feldspath an. Derselbe ist sehr rissig, fest mit der Grundmasse verwachsen, begrenzt zum grossen Theil durch gerade Linien (Durchschnitte der Krystallflächen) wobei quadratische, rectanguläre, rhombische und sechsseitige Umrisse hervortreten, wo die Form nicht durch Zwillingsbildung und polysynthetische Krystalle unregelmässig wird. Nicht selten aber findet man statt einiger der geraden Linien des Umrisses gekrümmte, was auf zerbrochene Krystalle und unregelmässige Körner deutet. Im polarisirten Lichte nimmt man bei sehr vielen der Krystalle Zwillingsbildung wahr; bei einigen der grösseren zeigt sich eine wiederholte lamellare Verwachsung. Aber auch bei Krystallen, die einfach zu sein scheinen, findet eine Verwachsung in der Art statt, dass ein Individuum von einem andern umhüllt wird. Die lamellare und die ringförmige Verwachsung deuten auf eine Verbindung von Sanidin mit einem triklinen Feldspath, etwa Oligoklas. Auf denselben Schluss führt auch eine andere häufig zu beobachtende Erscheinung, dass nämlich der Kern von vielen Feldspathkrystallen zersetzt, zellig zerfressen ist, wobei die Masse in der Mitte oft ganz trüb milchig erscheint und immer gegen die glashelle Beschaffenheit des Randes absticht.

Die Feldspathkrystalle enthalten auch weiter kleine Einschlüsse von Hornblende, von Magnetit und nadelförmige wasserhelle Krystalle, wie es scheint dem quadratischen System angehörend, welche vereinzelt aber in den verschiedensten Richtungen darin liegen. Kryställchen der gleichen Art finden sich augenscheinlich auch in der Grundmasse. Ausserdem werden in den Feldspathen nicht selten Einschlüsse beobachtet, wie sie Zirkel als Glaseinschlüsse mit Bläschen von den Feldspathen der neuen Santorin-Laven beschrieben und abgebildet hat. (N. Ib. f. Min. und Geo. 1866, p. 780 f. und tb. 8, F. 6, 8, 9.)

Der mikroskopische Schliff zeigt ausserdem scharf begrenzte Krystalle von Amphibol, der mit ölgrüner Farbe durchsichtig ist, und nicht selten etwas porös, auch mit Magnetit, Feldspath und Glimmer durchwachsen.

Mehr braun gefärbt und minder durchscheinend sind einzelne Theile von Glimmerkrystallen, die im Schliffe sichtbar sind.

Feinkörniger Andesit (vielleicht Dolerit). Bruchstück eines losen Blockes vom gleichen Fundort.

Die Felsart ist röthlich- bis bräunlichgrau, von klein- bis feinkörniger Beschaffenheit und etwas porös. Die Aussenseite ist mit einer rostfarbigen Verwitterungsrinde überzogen. Die Hauptmasse besteht aus graubraunen Körnchen und Krystallen von einem wie es scheint triklinen Feldspath.

Neben diesem tritt Augit in zahlreichen durchscheinenden Körnern von grüner Farbe auf, andere mehr gelblichgrüne könnten für Olivin angesehen werden. Magnetit findet sich fein vertheilt durch die ganze Masse. Grössere, eingesprengte Krystalle der die Grundmasse bildenden Mineralien sind nur in geringer Menge zu sehen. Einige grössere glashelle Körner mit muschligem Bruche und von ansehnlicher Härte sind für Quarz zu halten. Diese letzteren sind umgeben von einer Zone eines lichtölgrünen epidotähnlichen Minerales, das ein kleinkrystallinisches Gefüge besitzt. Nach dieser Umhüllung zu schliessen ist wohl der Quarz nur sekundärer Entstehung. (Im Aussehen erinnert diese Felsart an einige Varietäten des Wolkenburg-Gesteins.)

Brauner Trachyt (Rhyolith, Liparit). In mächtigen Bänken über den hellen Trachyttuffen südlich von Mt. Paliango anstehend.

Feinporiges bräunlichrothes Gestein mit unrein rostbrauner Rinde. Grundmasse sehr feinkörnig, gemengt aus graubraunem Feldspath, dessen Spaltflächen ungestreift erscheinen, aus grünem durchscheinendem, zum Theil körnigem Augit, etwas Magnetit in mikroskopischen Krystallen, sowie aus milchweissen Körnern mit muschligem Bruch, die nach Härte, Unschmelzbarkeit und Unlöslichkeit nur als Quarz angesehen werden können.

Ein grösserer eingesprengter Feldspathkrystall ergab sich als triklinisch.

Phonolithähnlicher Trachytporphyr. Gipfelgestein des Oros.

Die im Aussehen an Phonolith erinnernde Grundmasse ist sehr dicht, fettartig schimmernd, hell aschgrau, stellenweise porös und dort mit gelblichem Ueberzuge. Besonders zahlreich inliegend sind Amphibolsäulchen. Daneben zeigen sich einzelne grössere glasige Feldspathkrystalle, von denen einige deutliche Zwillingsstreifung besitzen; selten sieht man quarzähnliche muschlig brechende Körnchen. Ausser dem Amphibol enthält das Gestein in viel geringerer Menge durchscheinende pistaziengrüne Augite; ferner zeigen sich auch etwas Glimmer und

Magnetit und, mit dem Amphibol verwachsen, Körnchen eines titanitähnlichen Minerals; in reicher Menge aber enthält das Gestein kleine kaolinisirte Mineralkörper von feldspathähnlicher Form.

In Salzsäure löst sich ein Theil des Trappeisenerzes, wodurch das Gestein durchsichtiger wird. Kieselgallerte bildet sich nicht, die Lösung enthält aber viel Chlorkalium und etwas Chlormagnesium.

Andesit vom Oros.

Erstes Handstück. Das Gestein ist bräunlich grau, feinkörnig und mit einer rostfarbigen Verwitterungsrinde bedeckt; es besteht aus grünlichschwarzem Augit, graubraunem doch ziemlich frisch scheinendem triklinem Feldspath und geringen Mengen von Trappeisenerz. Ausserdem ist die Masse reich an kaolinisirten, feldspathähnlichen Körnchen. Ein rothbraunes, demantglänzendes Mineral erinnerte an Zirkon. Salzsäure löste aus dem Gestein Eisen und Kalkerde auf, zog aber keine Alkalien aus und bildete keine Kieselgallerte.

Zweites Handstück. Das Gestein ist gleichfalls röthlichgrau, feinkörnig und feinporig. Den Hauptbestandtheil bilden kleine Schuppen eines triklinen Feldspathes, neben welchem viel dunkelgrüner mit Feldspath durchwachsener Augit und etwas Magnetit auftritt. Auch bemerkt man einzelne wie Quarz aussehende Körner mit undeutlich sechsseitigem Umriss, welche jedoch von einer kaolinartigen Hülle umgeben sind, also wohl als ein verwitterbares Mineral betrachtet werden müssen. Da das Gestein nicht mit Säure gelatinirt und in der gelben salzsauren Lösung viel Kalk, dagegen kein Alkali erkennen lässt, so können die erwähnten Körner nicht für Nephelin, wenigstens nicht für Nephelin in unverändertem Zustande gelten. Die Felsart scheint keinen Sanidin zu enthalten und wurde zum Andesit gerechnet in der Meinung, dass der im Gestein vorhandene Feldspath zu den natronreicheren gehöre, wahrscheinlich Oligoklas sei.

Sedimentgesteine.

Mergel. Von den tertiären Schichten, die sich bei der St. Eliaskapelle, am Wege von der Stadt nach dem Tempel, an die Trachytberge anlehnen.

Derselbe ist gelblichweiss, rissig, auch hie und da von erdiger Beschaffenheit. Flecken und Streifen von Eisenrost, die wohl von zersetztem Pyrit herrühren, treten darin auf, ebenso findet sich auf den Klüften ein schwarzer wadartiger Anflug.

Kalkstein. Vom gleichen Fundort.

Er ist hellröthlich bis braun, nach aussen hin etwas erdig, und auf der Oberfläche treten durch die Verwitterung Knollen des festen Kalksteins hervor. Das Innere ist mit Sprüngen, wie sie in Septarien vorkommen, durchzogen, die mit Kalkspath erfüllt oder deren Wände damit überzogen sind. Der Kalkstein enthält Spuren von Organismen und fremdartigen Mineralkörpern; viele kleine Poren bemerkt man im erdigen Theile. Er gleicht sehr den aus Muschelsand entstandenen Kalksteinen. Beim Auflösen in Salzsäure hinterlässt das Gestein einen beträchtlichen thonigen Rückstand.

Kalkhaltiger Trachyttuff. Loses Stück vom Fusse des Berges, auf welchem die Ruinen der alten Stadt liegen.

Das Gestein besitzt eine gelblichgraue Farbe, hervorgerufen durch eine erdige gelbliche Masse, die graue und härtere Gesteinskörnchen und einzelne Glimmerkrystalle umschliesst. Die kleinen Adern und Klüfte sind mit Kalkspath, der in den Hohlräumen krystallisirt ist, erfüllt. Beim Auflösen in Salzsäure hinterbleiben ausser dem Thonschlamm des mergeligen Bindemittels viele kleine Splitter von Feldspathkrystallen, Glimmerblättchen und rundliche, hell aschgraue zeolithähnliche Gesteinskörnchen. (Wohl Virlet's zweites Agglomerat.)

Mergelschiefer. Oestlich von der alten Stadt im Bachbett anstehend.

Gelblicher, deutlich schiefriger Mergel, mit vielen sehr kleinen Poren, enthält kleine nadelförmige Abdrücke, die von vegetabilischen Körpern herrühren können. Gestein von mittlerer Festigkeit, etwas bröckelnd.

Kalkstein (Süsswasserkalkstein). Er überlagert die Trachyte östlich von der alten Stadt. Weg nach dem Tempel.

Gelbgrauer bis leberbrauner dichter Kalkstein mit Kalkspathtrümmern. Enthält schilfartige Pflanzenabdrücke (Stengel) und Steinkerne von Schnecken, die zum Theil zu Neritina, zum Theil zu Limneus (vielleicht auch zu Bulimus) zu gehören scheinen.

Kalkstein. Am Tempelberge anstehend.

Ein dunkelaschgrauer, derber, dichter Kalkstein mit braungelber Verwitterungsrinde und Rostflecken an der Oberfläche. Adern im Gestein sind theils mit weissem Kalkspath, theils mit rostroth gefärbtem derbem Kalk erfüllt. Ein hornsteinartiger Kieselbrocken von hellgrauer bis milchweisser Farbe mit rostbraunen Adern durchzogen ist von dem Kalksteine des Handstückes eingeschlossen und von demselben scharf abgegrenzt.

Diabasmandelstein. Geröll aus den tertiären Schichten im Osten der alten Stadt.

Grundmasse dicht, aphanitisch, an den meisten Stellen rothbraun, hie und da auch durch einen chloritischen Bestandtheil dunkelgrün gefärbt. Das Stück ist von Kalkspathadern durchzogen, und in einem Theile desselben sind zahlreiche kleine Calcitmandeln sichtbar.

Gesteine von Methana.

Aeltere Eruptivgesteine.

Trachytporphyr. Gestein vom Westabhange des Chelona-Berges.

Erstes Handstück. Grundmasse aschgrau, dicht aber dabei porös; stark poröse Partieen besitzen einen dünnen bräunlichrothen Ueberzug. Inliegend sind: zahlreiche milchweisse rissige Feldspathkrystalle, welche zum Theil für Sanidin gehalten werden können; Glimmer von rubellanartiger Farbe, etwas zersetzt in langen sechsseitigen Säulen; ein mattes braunschwarzes Mineral vom Aussehen angewitterten Augites, das jedoch zersetzte Hornblende zu sein scheint; Magnetit.

Diese Mineralien sind zum Theil mit einander verwachsen, so dass der Glimmer Feldspaththeile enthält, der Feldspath schwarze Körner von Magnetit und von Amphibol, letzterer aber wieder Feldspath und Glimmer umschliesst.

Zweites Handstück. Grundmasse sehr feinkörnig bis dicht, porös, weisslich aschgrau. Eingesprengt sind: sehr rissiger milchweisser Feldspath, von dem wenigstens ein Theil Sanidin zu sein scheint; schwärzliche Hornblende in mehr vereinzelten und kleineren Krystallen; Glimmer und Körnchen von Magnetit. Die Verwitterungsrinde ist okerbraun.

Trachytporphyr. Vom Gipfel des Chelona-Berges.

Gegen die flechtenbewachsene Rinde hin erscheint die Grundmasse ganz derb, sehr feinkörnig bis dicht, ohne Poren, die eingesprengten

Krystalle fest eingewachsen, die Masse dunkelrauchgrau. Mehr nach Innen ist das Handstück poröser, heller, die eingeschlossenen Krystalle sind dort nicht fest und allseitig mit der Grundmasse verbunden. Eingesprengt sind: milchweisser bis glasheller, sehr rissiger Feldspath, wohl Sanidin; grauer trikliner Feldspath in geringer Menge; Hornblende, meist kleine Krystalle, zum Theil matt und zersetzt; Glimmer, rothbraun, wohl durch Zersetzung; Magnetit in kleinen Körnchen. Ferner bemerkt man an einer Stelle eine kleine Partie eines drusig porösen, pistazien- bis ölgrünen Minerals, die nach innen Augitnädelchen zeigt und mit dem Porricin von Niedermendig übereinstimmt.

Trachytporphyr. An dem Hange der hohen Berge, welche östlich von dem Orte Kaimeni liegen, anstehend.

Die Grundmasse ist hellröthlichgrau, dicht, wenig porös und umschliesst scharf abgegrenzte Partieen (Ausscheidungen, Einschlüsse?) von kleinkörniger Struktur. Eingesprengt in der Grundmasse sind: milchweisser bis glasheller rissiger Feldspath, dessen Spaltflächen selten ausgebildet sind, in einigen Fällen aber Zwillingsstreifung zeigen; Glimmer, rubellanartig, der seine Elastizität verloren hat und sich leicht zu Pulver zerreiben lässt; Hornblende, die in das gleiche rothbraune Umwandlungsprodukt wie der Glimmer übergeführt ist; Magnetit, letzterer erscheint in etwas grösseren Körnern als gewöhnlich, und auch in körnigen Aggregaten.

Die eingeschlossene Partie hat eine rothbraune, ziemlich dunkle Farbe. Man erkennt darin kleine feldspathähnliche Schuppen, braunen verwitterten Augit, wohl auch etwas Olivin und Magnetit. Einige grössere Feldspathkrystalle erscheinen in dieser feinkörnigen Masse ausgeschieden.

Andesitporphyr (oder Trachytporphyr). Anstehend an dem Fusse der nördlich von dem Orte Kaimeni gelegenen Berge.

Erstes Handstück. Das Gestein ist gegen die Oberfläche dunkel aschgrau, nach innen heller, die Grundmasse feinkörnig und porös. Die in der letzteren ausgeschiedenen Mineralien sind: Krystalle von Feldspath, milchweiss bis grau gefärbt, rissig und sprüngig, von denen einige Zwillingsstreifung erkennen lassen; Hornblende in kleineren schwärzlichen Krystallen; wenig dunkelbrauner Glimmer und Magnetit. Ein grobkörniges Aggregat von Feldspath mit Hornblende ist in die Hauptmasse eingewachsen.

Ein anderes als Einschluss in diesem Trachytporphyr erscheinendes Stück ergab sich als krystallinisch körniges Gemenge von schwarzer (als Pulver brauner) Hornblende in Kryställchen von gewöhnlicher

Form mit einem milchweissen, kaolinisirten Feldspathe. Es finden sich auch Spuren von einem melanitartigen Minerale und einzelne Glimmertafeln.

Zweites Handstück. Grundmasse aschgrau, feinkörnig aber porös. Die kleinen Höhlungen sind mit einem rostbraunen Ueberzug versehen. In Beziehung auf die ausgeschiedenen Krystalle stimmt diess Handstück ganz mit dem ersten überein, wie es überhaupt nur als eine schlackige Ausbildung desselben Gesteins zu betrachten ist. Eine scharfbegrenzte Gesteinspartie im Handstücke, die wie ein Einschluss erscheint, besitzt bei zellig poröser Beschaffenheit eine rauchgraue, ins Schwärzliche übergehende Farbe. Es ist ein Gemenge aus einem feldspathähnlichen und einem grünlichgrauen vielleicht augitischen Mineral, in welchem grössere Hornblende- und Feldspathkrystalle ausgeschieden sind. Eine Höhlung ist mit gelblichgrünen Augitkrystallen erfüllt.

Syenitischer Trachyt (oder granitähnlicher Trachyt). Vom steilen Abhange der Berge östlich vom Orte Kaimeni.

Hellröthlichgraues bis weissliches Gestein von scheinbar grobkörnigem Gefüge. Es ist zwar ein wenig von einer gelblich- bis röthlichgrauen, sehr porösen, scheinbar dichten Grundmasse vorhanden, die sich zum Theil in bimssteinartige Fäden gezogen hat. Diese Grundmasse tritt jedoch ganz zurück im Vergleich mit der Menge der ausgeschiedenen grösseren Krystallindividuen. Dieselben sind: Feldspath, glashell, durch seine rissige Beschaffenheit aber milchweiss erscheinend, nur wenige Individuen zeigen Zwillingsstreifung; Amphibol, schwarzbraun in grosser Zahl, mit Feldspath und Glimmer durchwachsen. Glimmer und Magnetit. Als Einschluss erscheint durch seine scharfe Begrenzung ein kleinkörnig krystallinisches Gemenge von Amphibol, hellgrauem, zum Theil weisslichem und kaolinisirtem Feldspath, etwas Glimmer, Magnetit und Augit (?). An einigen Stellen, wo diese einem Einschluss gleichende Masse mit dem übrigen Gestein nicht fest verwachsen ist, hat erstere eine traubige kieselige Rinde, und von dieser Rinde aus gehen an einigen Stellen Schnüre und Nester von der gleichen Kieselsubstanz (Hyalith oder Quarz?) in das Innere der abgegrenzten Masse. Das ganze Handstück ist frei von kohlensaurem Kalk.

Dioritartiges Gemenge, wohl dem sogenannten Sanidinit beizuzählen. Vom steilen Hange östlich vom Orte Kaimeni.

Kleinkörniges Gemenge von Feldspath mit langprismatischen Hornblendekrystallen und hie und da etwas Glimmer. Die Hornblende ist meist nadelförmig, schwarz, mit braunem Strich oder braun durchscheinend. Die vereinzelten Glimmerschuppen sind braun und mit der

Hornblende theilweise verwachsen. An einigen Stellen bemerkt man pistaziengrüne bis olivengrüne Körner, die oft im Innern hohl und drusig erscheinen; in solchen Drusen zeigen sich dann kleine Kryställchen von Augit; aus dem gepulverten Gemenge lässt sich Trappeisenerz mit den Magneten leicht ausziehen.

Das Handstück zeigt an einer Seite ein poröseres, grobkörnigeres und feldspathreicheres Band, das durch bimssteinartige Fädchen mit dem feinkörnigen Aggregate verbunden ist. Diese Masse gleicht vollkommen der vorherbeschriebenen Varietät, dem granitähnlichen Trachyte. Von der porösen Grundmasse ist wenig vorhanden. Zweierlei Feldspathe sind deutlich zu unterscheiden; einige weisslichgraue Krystalle ergeben sich nämlich als triklin, die milchweissen rissigen Krystalle aber scheinen Sanidin zu sein.

Ausser diesen Feldspathen führt die erwähnte grobkörnige Ader noch Amphibol und Glimmer, welche beide Mineralien theilweis mit einander verwachsen sind.

Trachytporphyr. Anstehend auf dem Gipfel des 723 Mètres hohen Berges nördlich von dem neuen Kaimeni-Kegel.

Die Grundmasse ist feinkörnig bis dicht, porös und röthlichgrau. In den Poren verläuft sie in bimssteinartige Fäden und ist oft rostig gefärbt. Die auskrystallisirten Bestandtheile sind: rissig milchweisser Feldspath, Hornblende, Glimmer, Magnetit, Olivin, wofür einzelne braun verwitterte Körner zu halten sind. Das Gestein dieser Lokalität ist reich an einzelnen Partieen, die in ihrer Struktur von der übrigen Masse abweichen und dadurch, dass sie scharf abgegrenzt erscheinen, Einschlüssen gleichen. — Eine solche Partie des Handstückes ist kleinkörnig bis feinkörnig, rothbraun von Farbe und besteht aus Feldspath, braun durchscheinender Hornblende und etwas Magnetit. Diese Masse umschliesst einige grössere, theilweise mit gelbgrüner Rinde umrandete Feldspathe, sowie matte braunschwarze Hornblendekrystalle, die mit einer Hülle kleiner zimmtbrauner durchscheinender Hornblendenädelchen umgeben sind, wie sie in der feinkörnigen Hauptmasse des Handstückes vorkommen. Ausserdem werden im Einschlusse einzelne olivinähnliche Körner bemerkt.

Einige andere an dieser Lokalität gesammelte und in dem Trachytporphyr wie Einschlüsse auftretende Partieen haben die folgende Zusammensetzung:

Erstes Handstück. Anamesitartiges, kleinkörniges bis feinkörniges Gestein von röthlichgrauer in das Bräunliche spielender Farbe, zelligporös bis drusig porös. An einer Stelle befindet sich eine grobkörnige Ader, deren sehr rissige und dadurch milchweisse Feldspathe zum Theil eine grünlichgelbe Rinde besitzen. Im Gemenge befindet sich viel milchweisser Feldspath in kleinen Kryställchen in den Drusen krystallisirt, welcher Feldspath triklin zu sein scheint. Viele kleine braundurchscheinende Nädelchen dürften für veränderte Hornblende gehalten werden. Magnetit ist mit dem Magnetstabe ausziehbar. Ein braungrünes, bald dunkel, bald gelb angelaufenes, hin und wieder halbmetallisch schimmerndes Mineral, das in Körnern von 3—5 Millimètres Länge eingesprengt ist, scheint Olivin zu sein.

Das Gestein besitzt nach aussen hin eine fettigglänzende Rinde.

Zweites Handstück. Aeusserlich dem vorigen Exemplare sehr ähnlich. Die Hornblende erscheint jedoch schwarzbraun, und nebenbei tritt etwas tombakbrauner Glimmer auf. Während das olivinähnliche Mineral fehlt, erscheint in den Drusenräumen zwischen Feldspath und Amphibol ein gelbbrauner, glasartiger und blasiger Körper.

Drittes Handstück. Das Gestein ist mehr röthlichdunkelgrau gefärbt, stellenweis etwas grobkörniger als die vorigen. Deutlich unterscheidet man zweierlei Feldspathe, einen glashellen und einen trüben, hellgrau gefärbten. Die Hornblende ist mit Glimmer durchwachsen. Magnetit tritt sparsam auf. Statt des gelblichen glasartigen Minerals zeigt sich ein matteres ziegel- bis bräunlichrothes traubiges. In Drusenräumen erkennt man auf diesen eine zeolithische Substanz.

Viertes Handstück. Grobkörniges dioritartiges Gestein. Es besteht aus 4—8 Millimètres langen, 1—4 Millimètres breiten mit Glimmer und Feldspath durchwachsenen Hornblendesäulen und grauweissem wohl triklinem Feldspath, der matt erscheint. Ein Theil der Feldspathmasse ist sandartig körnig und bisweilen rostig angelaufen.

Etwas Magnetit ist im Gemenge. Die körnigen Aggregate gelatiniren nicht mit Salzsäure, die auch keine Alkalien auszieht, wohl aber ausser Eisen auch Kalkerde.

Veränderte Gesteine. Wahrscheinlich durch Fumarolenthätigkeit zersetzter Trachytporphyr. Anstehend nördlich von dem Orte Kaimeni unweit einer Stelle, wo sich die neue Eruptivmasse an die älteren Gesteine anlehnt.

Erstes Handstück. Ein schalig abgesondertes Stück von hellröthlichgrauer Farbe und zelliger Struktur. Der Feldspath, welcher sehr reichlich darin vertreten war, ist zum grössten Theil in eine weisse erdige Substanz verwandelt, und erhält die Masse dadurch ein punktirtes Ansehen. Die Umwandlung hat von aussen nach innen stattgefunden, was aus den verschiedenen Graden der Zersetzung deutlich zu ersehen ist. Die äussere Rinde des Handstückes ist röthlichweiss und erdig, während man tiefer nach dem Innern die Struktur des Gesteins noch deutlich erkennt.

Zweites Handstück. Schwefelgelber, ins Grünliche spielender, hie und da rostrindiger unreiner Alaunstein. Das Gestein ist in lamellenähnliche Plättchen zerklüftet, zwischen denen man nierenförmige Gestaltung der Kieselmasse bemerkt. Kleine scharf umgrenzte graue Partien und Körner des ursprünglichen noch wenig zersetzten Trachytes liegen in der gelbgrünen Grundmasse. Das Gestein hat Opalhärte, ist unschmelzbar (oder doch äusserst schwer schmelzbar), nach dem Glühen aber tritt der Alaungeschmack, der vorher nicht bemerkbar war, stark hervor; mit Soda Schwefelsäurereaktion.

Neuere Eruptivgesteine.

Trachytporphyr. Er bildet den höchsten Felsen des Kaimeni-Berges.

Das Gestein hat eine röthlichgraue bis bräunlichgraue Farbe, die nur, wie die Grundmasse, wegen der grossen Zahl eingesprengter Feldspathe hier und da zurücktritt. Die Feldspathe sind mit der dichten, etwas zersetzten Grundmasse nicht fest verwachsen, daher das Gestein porös erscheint. Der Feldspath ist durch die zahlreich ihn durchziehenden Sprünge und Risse milchweiss; wegen der rissigen Beschaffenheit ist es auch selten möglich Spaltflächen zu beobachten, in den Handstücken war daher keine Zwillingsstreifung der Feldspathe erkennbar. Ausser diesem Bestandtheil findet sich im Gestein Hornblende in geringerer Menge als jener und durch beginnende Zersetzung rothbraun werdend. In grösseren Körnern als gewöhnlich erscheint das Trappeisenerz nur spurenweise, dagegen Glimmer und grünlicher Augit. Das Handstück führt als Ausscheidung oder Einschluss ein feinkörniges Aggregat von Feldspath und Hornblende in syenitartigem Gefüge.

Trachytporphyr von der stromartig ausgedehnten Masse des Kaimeni-Gesteins.

Erstes Handstück. Das Gestein erscheint hier rostbraun, weil die vielen Schlackenporen einen Ueberzug von dieser Farbe haben, obwohl die sehr feinkörnige bis dichte Grundmasse schwarzgrau ist.

Sehr zahlreich finden sich Feldspathkrystalle eingesprengt, aber mit der Hauptmasse nicht fest verwachsen; es sind dieselben glashell, aber wegen ihrer rissigen Beschaffenheit erscheinen sie immer milchweiss. Hier und da sind trikline Zwillingsbildungen und Zwillingsstreifung zu beobachten, an manchen Krystallen aber, wo man dieselbe erwarten könnte, findet sie sich nicht, daher ist es wahrscheinlich, dass ein Theil der Feldspathkrystalle dem Sanidin angehört. Kleiner als die Krystalle des Feldspathes sind die nur selten bis 8 Millimètres langen Säulen von braunschwarzer, etwas matter Hornblende, welche oft Glimmerblätter (Biotit) auf ihren etwas unterbrochenen (fast feinzellig erscheinenden) Spaltflächen trägt. Ausserdem findet sich im Gestein etwas Magnetit und brauner bis schwärzlicher Biotit.

Eine scharfbegrenzte Partie einer feinkörnigeren Masse, welche im Handstück eingeschlossen erscheint, ist ein Aggregat von Feldspath und Augit, mit wenig Glimmer, Magnetit und Hornblende(?).

Zweites Handstück. Hellröthlichgrau, schlackigporöse Grundmasse, von der ganz besonders in den Contractionshohlräumen, welche die eingesprengten Feldkrystalle umgeben, bimssteinartige Fäden bemerkbar sind. Die in der feinkörnig bis dichten Grundmasse eingesprengten Mineralien sind dieselben, welche in dem vorigen Handstücke beschrieben wurden. Zu erwähnen ist noch, dass die kleineren Amphibolkryställchen kastanienbraun durchscheinend sind. Der vorhandene Biotit ist auch wieder zum Theil mit der Hornblende verwachsen, indem oft dünne Glimmerblätter auf den Spaltflächen der Hornblende liegen. Es ist diess eine auch in älteren Gesteinen der Granitgruppe nicht seltene Verwachsung, deren Vorkommen in der neuen Kaimeni-Lava davor warnt, alle solche Verwachsungen für Folge einer Umwandlung von Hornblende in Glimmer zu halten, da doch kaum anzunehmen ist, dass die verhältnissmässig so neue Lava einem derartigen Umbildungsprozess bereits unterworfen gewesen sei. Mikroskopische Glimmerblättchen mögen an der Zusammensetzung vieler Amphybolkrystalle Theil nehmen und vielleicht den Thonerdegehalt mancher Amphibole erklären.

Magnetit scheint in diesem Gesteine zuweilen in Würfelform ausgebildet zu sein.

Auch an diesem Handstücke umschliesst die Hauptmasse kleinkörnige Aggregate von Feldspath und Hornblende, die gegen das porphyrische Gestein scharf abgegrenzt sind.

Salzsäure löst aus dem Gestein nur Eisen und Kalkerde, jedoch keine Alkalien; auch scheidet sich Kieselgallerte in der Kälte nicht aus der Lösung ab.

Drittes Handstück. Schlackige Lava. Die Grundmasse ist äusserst porös und rothbraun und die in ihr ausgeschiedenen Krystalle stimmen mit den übrigen beschriebenen Handstücken vollkommen überein.

Sedimentgesteine.

Kalkstein. Anstehend an der Panagia-Spitze.

Er gleicht dem alten Kalke von Aegina, ist dunkel aschgrau von Farbe, sehr dicht und reich an Kalkspathadern. Die Umrisse von Muschelschalen waren in einigen Blöcken deutlich erkennbar. Eigenthümlich ist der ziegel- bis fast zinnoberrothe Kalkstein, welcher als mehr oder weniger starke Rinde viele der umherliegenden Stücke bedeckt.

Thonschiefer. Nahe bei dem Orte Kaimeni am Wege nach der Südküste anstehend.

Schwarzgrünes (wohl durch chloritähnliche Substanz gefärbtes) faseriges, manchen Schalsteinen ähnliches Gestein, stellenweise breccienartig, mit etwas Kalk durchdrungen.

Höhen-Verzeichniss.

Aegina.

	I. Mètres. franz.	II. Mètres. engl.	III. W. B. u. A. St.	
1. Gipfel des westlichsten Trachytberges im Osten der Stadt, Weg nach der Festung	—	—	186,3	1 A.
2. Kapelle an dieser Kuppe	—	—	152,0	1 A.
3. Mont Tchakali (wohl Nordostende von Mt. Stavroin?)	311,1	—	—	—
4. Mont Taspelia	299	—	—	—
5. Athene-Tempel	189	176,2	191,0	1 B.
6. Mt. Paliango	242	—	—	—
7. Passhöhe, welche der Pfad am Ostabhang des Panagia-Gebirgs überschreitet	—	—	221,6	1 A.
8. Sattel zwischen Panagia-Gebirge und Oros	—	—	ca. 250	1 A.
9. Oros	534,2	534,0	540,3	1 B.
10. Rücken bei Cap Andonis	—	298,1	—	—
11. Hagia Triada	—	289,2	—	—
12. Stavros	—	—	76,0	1 A.

Methana.

13. Sattel des Kalkberges zwischen Panagia-Bucht und der Nordküste	—	—	138,6	1 A.
14. Kalkgipfel im Nordosten der Panagia-Bucht	—	—	210,9	1 A.
15. Südwestgrenze des neuen Lavenstroms	—	—	198,6	1 A.
16. Südfuss des neuen Lavenkegels	—	—	163,7	1 A.
17. Ort Kaimeni. Südostfuss des neuen Lavenkegels	—	—	210,7	1 B. 2 A.
18. Nordfuss des neuen Lavenkegels	—	—	294,3	1 A.
19. Gipfel des neuen Ausbruchskegels; hoher Trachytfels mit Bäumen im Circus	—	—	416,0	2 B.
20. Lavenmasse im Krater	—	—	371,1	1 A.

	I.	II.	III.	
	Mètres.		W.B.u.A.St.	
	franz.	engl.		
21. Trachytgipfel im Nordosten vom Süd-Kaimeni-Hafen	—	—	629,5	2 B.
22. Kleines Hochplateau am Nordostfuss dieses Kegels, Ost vom Orte Kaimeni	—	—	465,8	1 A.
23. Gipfel im Norden dieses Plateaus, gerade über Apano Mouska	—	—	723,3	2 B.
24. Einsattelung zwischen dem Gipfel Nr. 23 und dem im Osten gelegenen Horsa . . .	—	—	604,6	1 B.
25. Pass am Horsa-Rücken gegen die kraterförmige Einsenkung	—	—	633,4	1 A.
26. Südostumwallung der kraterförmigen Einsenkung; tiefster Punkt	—	—	589,6	1 A.
27. Häuser auf einer kleinen Hochebene an der Nordwestseite des Chelona	—	—	532,1	1 A.
28. Kleine Hochebene etwas im Süden von Nr. 27	—	—	560,7	1 A.
29. Letztes Hochplateau am Nordwestfuss des Chelona	—	—	589,2	1 A.
30. Mt. Chelona	741,4	740,6	760,7	2 B.
31. Castel auf dem Steno-Isthmus	—	77,4	—	—
32. Pikisi (Horsa?)	676	—	—	—

Bemerkungen zum Höhenverzeichniss.

In vorstehender Liste haben wir neben den von uns gemessenen Höhen auch die Angaben angeführt, welche in den französischen und englischen Darstellungen uns zugänglich waren, und zwar sind unter I. die in der Expédition scientifique de Morée niedergelegten Zahlen zusammengestellt; in der mit II. bezeichneten Reihe finden sich Werthe nach Angabe der englischen Admiralitätskarte Nr. 1514, welche zur besseren Vergleichung in Mètres umgewandelt wurden; unter III. endlich stehen die von uns erlangten Resultate mit Angabe der Zahl und Art der Beobachtung, indem A. Aneroïd, B. Barometer bedeuten.

Die französischen Höhenangaben sollen, nach einer Bemerkung Bory de Saint Vincent's, sämmtlich auf geodätischen Operationen beruhen. Doch werden in dem Verzeichniss jener Punkte, deren terrestrische Coordinaten genau bestimmt sind (Tome II. Géographie p. 42 und p. 46), für Aegina nur die Stadt, Gipfel des Elias (Oros) und Tchakali (beim Tempel fehlt die Höhe) angeführt; für Methana nur der Mt. Chelona. Auf den Karten und Durchschnitten, welche der Atlas enthält, sind aber, in runden Zahlen, noch andere Höhen eingetragen, welche wohl auch durch Höhenwinkel erhalten wurden. Die Angaben auf den verschiedenen Tafeln stimmen hie und da nicht überein; so steht im Text z. B. Mt. Tchakali = 311,1 Mètres, auf der Karte Prem. Serie Pl. V. steht die Zahl 355, und der Durchschnitt Pl. V. Sec^d· Serie gibt 335.

Augenscheinlich sind für die englische Karte einige der Höhen aus dem französischen Werke entnommen; über die Art und Weise, wie die anderen erhalten wurden, gibt die Karte keinen Aufschluss.

Die in der dritten Reihe gegebenen Werthe sind zum Theil durch Barometer-, meist aber durch Aneroïd-Beobachtungen erlangt. Die benützten Instrumente waren ein von Cappeller in Wien gefertigtes Gay-Lussac'sches Heber-Barometer und ein Pariser Baromètre holostèrique, welch letzteres, wie bei den auf Santorin ausgeführten Messungen sich ergeben hatte, einen sehr regelmässigen Gang besass und Resultate lieferte, welche in befriedigender Weise mit den durch das Quecksilber-Barometer gefundenen Höhen übereinstimmten. Die Beobachtungen wurden nun derart vorgenommen, dass sowohl am Meeresstrande als auch auf allen wichtigeren Punkten Barometer-Ablesungen gemacht und zugleich das Aneroïd mit der Quecksilbersäule verglichen wurde. Bei den minder wichtigen Zwischenstationen genügte alsdann eine rasche Aneroïdbeobachtung. Auf diese Weise war es möglich, in kurzer Zeit eine beträchtliche Anzahl von Höhenmessungen zu erlangen, ohne der Genauigkeit des Resultates zu schaden, da das weniger zuverlässige und beim Transport sich leicht verändernde Aneroïd nur zu Differenz-Beobachtungen zwischen genau bestimmten und durch Zeit und Raum nur wenig getrennten Stationen benutzt wurde.

Herr Director J. Schmidt hatte die Güte, aus unseren Messungen, unter Zugrundelegung der von ihm in Athen ausgeführten correspondirenden Beobachtungen und nach Vergleichung der beiderseits gebrauchten Instrumente, die oben mitgetheilten Höhen abzuleiten. Seinen Berechnungen fügte Herr Schmidt, dessen gründliche Untersuchungen über Aneroïd-Barometer genügend bekannt sind, in Betreff des von uns angewandten Exemplares die Bemerkung bei: „Die ermittelten Differenzen der Höhen verdienen Zutrauen", welche Bemerkung hier wiederzugeben wir im Interesse unserer Messungen nicht unterlassen können.